«Ich habe in meinem elektronischen Notizbuch eine eigene Datei für Einfälle aus heiterem Himmel. ‹Gedanken› heißt sie, und sie wird immer länger. Da kommen die zufälligen Beobachtungen und plötzlichen Eingebungen rein, alles, was mir nebenbei auffällt und nichts mit dem zu tun hat, was mich als Abtprimas der Benediktiner normalerweise beschäftigt – nichts mit dem Äbtissinnen-Kongress in New York, nichts mit der Besinnungswoche in einem spanischen Kloster und nichts mit dem Besuch einer irischen Abtei, deren Abt mich zu Hilfe gerufen hat. Diese Einfälle aus heiterem Himmel kommen immer in den Unterbrechungen des Tagesablaufs, den unvorhergesehenen und den vorgesehenen. In den sogenannten leeren Zeiten also, in denen man oft nicht weiß, was man mit sich anfangen soll.
In solchen Minuten oder Stunden beobachte ich die Menschen. Und immer fallen dabei kleine Erleuchtungen ab ...»

Notker Wolf OSB, Dr. phil., geb. 1940 in Bad Grönenbach im Allgäu, studierte Philosophie, Theologie und Naturwissenschaften in Rom und München. 1961 trat er in die Benediktinerabtei St. Ottilien am Ammersee ein und wurde 1977 zum Erzabt gewählt. Seit 2000 ist er als Abtprimas des Benediktinerordens mit Sitz in Rom der höchste Repräsentant von mehr als 800 Klöstern und Abteien auf der ganzen Welt. Besonders am Herzen liegt ihm die Zusammenarbeit mit Ländern wie China und Nordkorea und anderen Religionen. Seine Bücher «Worauf warten wir – Ketzerische Gedanken zu Deutschland» und «Die Kunst, Menschen zu führen» waren große Erfolge.

Abtprimas Notker Wolf

mit Leo G. Linder

Aus heiterem Himmel

*Einfälle und
Eingebungen für das
Leben hier unten*

Rowohlt Taschenbuch Verlag

Originalausgabe
Veröffentlicht im Rowohlt Taschenbuch Verlag,
Reinbek bei Hamburg, März 2008
Copyright © 2008 by Rowohlt Verlag GmbH,
Reinbek bei Hamburg
Die hier versammelten Texte sind zuvor als Kolumne
in «Bild der Frau» erschienen.
Umschlaggestaltung ZERO Werbeagentur, München
(Foto: www.feedback-rode.de)
Satz ITC Legacy Serif PostScript (InDesign)
Gesamtherstellung CPI – Clausen & Bosse, Leck
Printed in Germany
ISBN 978 3 499 62325 7

Inhalt

- 11 Vorwort
- 13 Einfälle aus heiterem Himmel
- 16 Papst Benedikt XVI. – Botschafter der Wahrheit und Liebe
- 19 Dürfen wir auf uns stolz sein?
- 21 Oft ist doch noch etwas zu retten
- 23 Das Kreuz, das man trägt, wenn man Madonna heißt
- 25 Jubeln gegen dunkle Tage
- 27 Kinder brauchen Zuversicht, um das Leben meistern zu können
- 29 Augenblicke des Glücks – Grund genug, an Gott zu glauben
- 31 Was ist wichtiger? Das Handy oder der Mensch?
- 33 Unbequeme Fragen für Christen und Muslime
- 35 Wenn wir doch nur wieder miteinander reden würden
- 37 Der Glaube – alles Schwindel?
- 39 Es gehört Mut zur Nächstenliebe
- 41 Wer vertraut, kann über sich und andere lächeln
- 43 Kann man auf eine geistige Gemeinschaft verzichten?

45 Toleranz – im anderen das Ebenbild
Gottes sehen
47 Das Äußere ist eine Frage der inneren Einstellung
49 Ruhig bleiben, auch wenn alles schiefgeht
51 Geben, um den Himmel zu öffnen
53 Eine schöne Seele braucht keine
Schönheitsoperationen
55 Das Kind in der Futterkrippe –
ein Leben nach neuen Regeln
57 Weihnachten oder das Glück,
sich mitzufreuen
59 Reinen Tisch machen fürs neue Jahr
61 Killerspiele schaden Kindern
63 Wenn der Mensch leer ist, muss wenigstens
der Tag voll sein
65 Manchmal ist Schweigen tröstlicher als alle Worte
67 Wüst und wild gelebt – für Gott kein Problem
69 Den Teufel kann man guten Gewissens benennen
71 Mehr Mut zum wirklichen Leben
73 Von Männern, die keinen Stress wollen
75 Gott – es gibt nichts Besseres gegen die Angst
77 Ein Zeichen menschlicher Größe: Gnade
79 Hoffnung über den Tod hinaus
81 Eigentlich braucht man Dieter Bohlen nicht

83	Wenn es schwerfällt, jemanden zu lieben
85	Wieso werde ich vom Glück verfolgt?
87	Nächstenliebe, ein Heilmittel gegen Depressionen
89	Eine Welt ohne Leid und Schmerz ist unbewohnbar
91	Es hat einen gegeben, der für Friedfertigkeit gestorben ist
93	Essen heißt nicht, sich den Magen vollschlagen
95	An offenen Gesprächen führt kein Weg vorbei
97	Kinder brauchen vor allem eins: Mütter und Väter
99	Wir sind für ein himmlisches Glück bestimmt
101	Der Geist Gottes – ein demokratischer Geist
103	Warum sollte man etwas Besseres sein wollen?
105	Lebensfreude ist die beste Diät
107	Kann man der Doping-Versuchung widerstehen?
109	Kinder müssen ihre eigenen Wege gehen
111	Die letzten Tabus – wenn ein Menschenleben nur noch eine Eintrittskarte wert ist
113	Ist Gott nur etwas für Schwächlinge?
115	Durch das eigene Vorbild entwaffnen
117	Wenn Kinder vor dem Fernseher «abgeschaltet» werden
119	Den Mitmenschen mit anderen Augen sehen
121	Das Christentum ist immer wieder eine Überraschung wert

123	Das «Haus Benedikt» in Afghanistan
125	Jede Kirche birgt ein Geheimnis
127	Buddha oder Jesus – wer überzeugt mehr?
129	Nur ein einziges Wort der Verzeihung …
131	Musik aus Ohrstöpseln – oder vielleicht doch im Chor singen?
133	Eine Familie braucht jeder
135	Warum machen uns Komplimente von Kindern so glücklich?
137	Unvernünftig und verrückt sein – ganz nach dem Herzen Jesu
139	Mariä Schmerzen – ein Anlass zum Feiern
141	Von der Frömmigkeit der Muslime können wir lernen
143	Glücksrezept der Menschen in der Dritten Welt
145	Wunder müssen bemerkt werden
147	Schicksalsschläge – wo warst Du, Gott?
149	Jugendwahn – wenn die Alten nichts mehr zu sagen haben
151	In der Mitte des Lebens geht es aufwärts
153	Hochachtung vor den Kindern
155	Wenn's in der Schule nicht klappt, ist es auch nicht so schlimm

157	Warum einige Menschen schwierig sein müssen
159	Chancengleichheit – nur mit strengen Regeln
161	Für ein Lachen die Vergangenheit vergessen
163	Die christliche Vision: eine große Menschheitsfamilie
165	Der Glaube ist keine Ware wie ein Staubsauger
167	Jeder kann in seinem Leben eine kopernikanische Wende haben
169	Adventszeit – Lichterglanz für einen anderen Sinn
171	Ganz ohne Weihnachten – eine himmlische Ruhe?
173	Störungen sind spontane Einfälle des Lebens
175	Segensspruch in der Halle eines Hotels

Vorwort

Vielleicht erinnern Sie sich, dem einen oder anderen hier abgedruckten Einfall aus heiterem Himmel bereits begegnet zu sein. Dafür gibt es eine einfache Erklärung: Sie sind alle als wöchentliche Kolumne in einer großen Frauenzeitschrift erschienen. Dieses Buch nun fasst sie zusammen, und aus verstreuten Einfällen ist eine Art Bekenntnis geworden, mein ganz persönliches Glaubensbekenntnis. Es lautet, in aller Kürze: Der christliche Glaube ist eine Kraft, die sich im Alltag stets aufs Neue bewährt. Das ist meine Erfahrung, das ist meine Überzeugung, das ist das einigende Band aller hier versammelten Beiträge.

Ihren Charakter als Kolumnen aber haben sie bewahrt. Das merken Sie zum einen daran, dass die Beiträge dem Ablauf des Jahres folgen und immer wieder auf die Festtage des Kirchenjahrs eingehen, die ja die großen Ereignisse der Heilsgeschichte widerspiegeln. Das sehen Sie aber auch daran, dass diese Beiträge ihre knappe Kolumnenform behalten haben. Unter Kolumnen versteht man kurze, regelmäßig erscheinende Kommentare, die einer Beobachtung, einer Idee, einer Art Eingabe entspringen. Das heißt, Kolumnen wollen ein Thema nie ganz ausschöpfen, sondern zum Denken anregen. Es wäre deshalb ganz in meinem Sinne, wenn sie auch neue Fragen aufwerfen oder sogar Widerspruch hervorrufen würden.

Jesus hat davor gewarnt, an seine Mitmenschen höhere Ansprüche zu stellen als an sich selbst, von ihnen mehr innere Größe zu erwarten, als man sie selbst besitzt. Ich halte es deshalb für eine urchristliche Haltung, unserer begrenzten Welt mit all ihren Menschlichkeiten wann immer möglich mit einem Schmunzeln zu begegnen. Aufgeregtheit und moralische Empörung hat es bei Jesus nicht gegeben, und ich hoffe, dass Sie auch auf diesen Seiten davon nichts finden. Was uns diese Haltung jedoch erst ermöglicht, ist die Gewissheit, dass es noch einen anderen Blick auf unsere Sorgen, Nöte und Eigenheiten gibt, nämlich den Blick aus einer anderen Welt, und auch diese Perspektive will ich nicht unterschlagen. Denn letztlich geht es immer darum, unsere Grenzen von innen her aufzubrechen und von außen her aufbrechen zu lassen, durch die Kraft der Liebe, die uns mit uns selbst, mit unseren Mitmenschen und mit Gott versöhnt.

Ich wünsche Ihnen viel Freude mit diesen Einfällen aus heiterem Himmel. Gott segne Sie.

Einfälle aus heiterem Himmel

Ich habe in meinem elektronischen Notizbuch eine eigene Datei für Einfälle aus heiterem Himmel. «Gedanken» heißt sie, und sie wird immer länger. Da kommen die zufälligen Beobachtungen und plötzlichen Eingebungen rein, alles, was mir nebenbei auffällt und nichts mit dem zu tun hat, was mich als Abtprimas der Benediktiner normalerweise beschäftigt – nichts mit der Vorstandssitzung in New York, nichts mit der Besinnungswoche in einem spanischen Kloster und nichts mit dem Besuch einer italienischen Abtei, deren Äbtissin mich um Rat gebeten hat. Diese Einfälle aus heiterem Himmel kommen immer in den Unterbrechungen des Tagesablaufs, den unvorhergesehenen und den vorgesehenen. In den sogenannten leeren Zeiten also, in denen man oft nicht weiß, was man mit sich anfangen soll.

Flughäfen zum Beispiel sind für mich wunderbare Orte der Inspiration. Man steht am Gepäckband – und der eigene Koffer ist wieder mal einer der letzten. Man sitzt längst in der Abflughalle – aber der Aufruf, an Bord zu gehen, lässt auf sich warten. Oder der Start verzögert sich, weil der italienische Flugkapitän sich das Ende der Fußballweltmeisterschaft noch in Ruhe ansehen will. In solchen Minuten oder Stunden beobachte ich die Menschen. Den jungen Amerikaner, der ziemlich finster dreinschaut und sich dann als unglaublich liebenswürdiger Mensch herausstellt. Oder den gestriegelten Geschäftsmann, der sich rücksichtslos durch die Leute wühlt. Oder die jungen Eltern, die sich rührend um ihr schreiendes Kind bemühen. (Du warst auch mal klein, sage ich mir dann, bevor ich selbst ungeduldig werde.) Und immer fallen dabei kleine Erleuchtungen ab, Randbemerkungen, Stoff für meine «Gedanken»-Datei.

Auch auf Zugfahrten öffnet sich mir der heitere Himmel, wenn die Landschaft draußen vorbeizieht. Oder während eines Flugs, wenn ich die Wolkenformationen studiere oder meinen Blick über die weiten Ebenen unten wandern lasse und mir vorzustellen versuche, unter welchen Menschen ich bald sein werde. Besonders ergiebig aber sind die Stundengebete, zu denen wir Mönche uns viermal am Tag in der Kirche versammeln, um die Psalmen zu singen. Diese Stundengebete, das sind die vorgesehenen, die geplanten Unterbrechungen, das sind die Zeiten des Tages, die ganz mir gehören, weil sie ganz Gott gehören. Während ich singe, lösen sich meine Gedanken mitunter von den vertrauten Worten der Psalmen, und mit einem Mal fällt mir ganz neu auf, was ich eigentlich schon lange weiß – dass Gott sich immer auf die Seite der Schutzlosen und Verfolgten schlägt zum Beispiel. Da wird mir plötzlich wieder klar: Wann immer Gott durch den Mund der Psalmsänger und Propheten spricht, setzt er sich für die Pechvögel und die Zukurzgekommenen ein, für die Machtlosen und die Verlierer. Wie oft ermahnt er die Richter, gerecht zu urteilen, und wie oft warnt er die Mächtigen vor Korruption und Machtmissbrauch! «Wer ist wie der Herr, unser Gott?», heißt es in Psalm 113, «der die Geringen aufrichtet aus dem

Staub und erhöht den Armen aus dem Schmutz.» Nein, unser Gott ist nicht der Verbündete der Reichen und Schönen. Unser Gott steht aufseiten derer, die im Leben einen starken Verbündeten brauchen. Auch das ist für mich ein Grund, Gott zu lieben.

Papst Benedikt XVI. – Botschafter der Wahrheit und Liebe

Papst Benedikt XVI. hatte in der alten römischen Kirche Santa Sabina die Messe gefeiert. Unsere Choralschola hatte während dieser Messe gesungen, die Schola der Abtei Sant'Anselmo, wo ich lebe und arbeite, und als der Papst nun nach der Messe den Altarraum verließ, schaute er zu mir herüber, nickte und lächelte. Vermutlich aus Freude darüber, dass unser Chor so würdevoll gesungen hatte.

Dieses dankbare Lächeln ist mir im Gedächtnis geblieben. Wer Benedikt XVI. von früher kennt, hat ihn anders in Erinnerung. Damals war er der scharfsinnige und manchmal scharfzüngige Kardinal Ratzinger, der unnachgiebige Verfechter der reinen kirchlichen Lehre. Und jetzt erleben wir denselben Menschen als einen väterlich-freundlichen Papst, der andere Menschen mit seinem Lächeln sucht und findet. Welche Veränderung!

Und diese Veränderung ist vielen Menschen aufgefallen. Sie lieben ihn dafür. Wer hätte gedacht, dass dieser Benedikt XVI. einen solchen Zuspruch erfahren würde? Bei den großen Papst-Audienzen drängen sich heute auf dem Petersplatz noch mehr Menschen als früher, darunter viele junge Leute. Und dabei liegt ihm diese spontane Herzlichkeit gar nicht, mit der sein Vorgänger Johannes Paul II. immer alle Welt umarmen wollte. Was aber fasziniert denn dann an diesem kleinen, schüchtern wirkenden Mann?

Oder ist alles nur Massenhysterie, wie manch einer abfällig behauptet?

Wohl kaum. Papst Benedikt ist kein Medienstar, er reißt die Menschen nicht mit, er raubt ihnen nicht den Verstand. Aber er überzeugt uns, weil er Ideale verkörpert, glaubwürdiger als jeder andere. Ideale, die wir in der Politik und in der Wirtschaft, im Sport und im Showbusiness vergeblich suchen. Das erste dieser Ideale ist die Wahrheit. Benedikt hat für sich den Wahlspruch «Mitarbeiter der Wahrheit» gewählt, und in der Tat, er nennt die Dinge beim Namen, er spricht genauso klar und unmissverständlich über Menschenrechtsverletzungen in China oder im Islam wie über den rasanten Verlust aller Glaubensgewissheiten bei uns in Europa. Und das zweite Ideal ist die Liebe. Papst Benedikt weiß heute, dass Wahrheit ohne Liebe hart macht. Deshalb verkündete er in seiner letzten Enzyklika einen Gott, der kein Buchhalter unserer Sünden und kein Strafverfolger ist, sondern ein Gott, der unsere Sehnsucht nach Geborgenheit und Verzeihung und Menschlichkeit stillt.

Genau das also macht Benedikts große Wirkung in meinen Augen aus: Er gibt Orientierung in einer orientierungslosen Zeit, weil seine Botschaft nicht aus unserer Welt der Kriege und Selbstmordattentäter, der Korruption und gnadenlosen Konkurrenz kommt, sondern von einem Gott, der die Menschen zu einer großen Menschheitsfamilie zusammenführen möchte. Und deshalb ist auch niemand hysterisch oder von gestern, der den Papst auf seinem Deutschlandbesuch persönlich erleben möchte. Wahrheitsliebe, Ehrlichkeit und Menschenliebe sind Ideale, die niemals veralten. Die Begeisterung der jungen Menschen für diesen Papst ist der schönste Beweis dafür.

Dürfen wir auf uns stolz sein?

So etwas kann nur in Deutschland passieren. So etwas wie die Geschichte, die ein deutscher Bekannter mir neulich erzählte: Sein Freund sei während der Fußballweltmeisterschaft nach längerem Aufenthalt im Ausland auf einem deutschen Flughafen gelandet – und sei entsetzt gewesen: an allen Taxis Deutschlandfähnchen! Überall Schwarz-Rot-Gold! Empörend. Eins dieser beflaggten Taxis zu besteigen, das wäre für seinen Freund gar nicht in Frage gekommen. Für ihn, den Mann aus der Achtundsechziger-Generation, stand die Fahne für die deutsche Nation und die deutsche Nation für das Böse. Da zählte es auch nicht, dass diese Nation sich gerade als wunderbarer Gastgeber bewährte und das große Fußballfest mit Menschen aus vielen anderen Nationen ausgelassen feierte. Nein, beim Anblick dieser Fähnchen witterte er Nationalstolz – und stolz, das durften die Deutschen doch niemals mehr sein! Jedenfalls nicht auf ihre Nation. Der Freund meines Bekannten wartete erzürnt, bis endlich ein Taxi ohne Fähnchen kam.

Was ist schlecht am Stolz? Stolz, höre ich in Deutschland immer wieder, stolz dürfe man nur auf die eigene Leistung sein. Ich staune. Wie war das damals, als ich mit italienischen Freunden in Rom zusammensaß und alle auf ihre Regierung schimpften? Irgendwann schimpfte ich mit – und erntete betretenes Schweigen. Als Ausländer hätte ich nicht in dieselbe Kerbe hauen dürfen wie sie. Das verletzte ihren Stolz. Da hielten sie plötzlich zusammen.

Und recht hatten sie. Denn Stolz ist nicht Hochmut. Stolz ist Selbstachtung. Wenn wir stolz sind auf das, was uns als Italiener oder Deutsche oder Schweden ausmacht, bedeutet das nur, dass wir die Kultur, die Sprache und die Lebensart unseres Volkes zu unserer eigenen Sache gemacht haben. Zu unserer eigenen Aufgabe. Der Stolz bewahrt uns dann davor, leichtfertig damit umzugehen und das Eigene geringzuschätzen. Nationalstolz ist also das Gefühl, dass jedes Volk viel zu verlieren hat. Denn dies alles gibt es nur einmal auf dieser Welt – die Sprache, die Tradition und die Lebenskunst einer Nation.

Die einmalig entspannte, heitere Atmosphäre der letzten Fußballweltmeisterschaft gehört für uns nun auch dazu. Lassen wir also unsere Fähnchen zu einem solchen Anlass ruhig wehen. Meine italienischen Freunde hätten volles Verständnis dafür. Und als Christ freue ich mich darüber, dass wir Deutschen uns offenbar das zu Herzen genommen haben, was Mose vor langer Zeit schon im Namen Gottes von seinem eigenen Volk verlangt hat: Jeder Fremdling, heißt es in 3. Mose 19, soll bei euch wohnen wie ein Einheimischer, «und du sollst ihn lieben wie dich selbst».

Oft ist doch noch etwas zu retten

Verstehen wir eigentlich noch, uns zusammenzuraufen? Als Verliebte, meine ich. Als Menschen, die sich eigentlich nichts Schöneres vorstellen können als zusammenzubleiben. Wenn ich mir anschaue, wie viele Paare sich früher oder später trennen, dann denke ich: Offenbar haben wir verlernt, uns zusammenzuraufen.

Als Mönch, meinen Sie vielleicht, wüsste ich doch gar nicht, wovon ich spreche? O doch, das weiß ich. Spätestens seit der Begegnung mit jenem römischen Paar, das eines Nachts vor dem großen Tor von Sant'Anselmo parkte. «Wir fahren gleich weiter», sagte der junge Mann. Sie waren furchtbar verliebt, das sah ich. Wir kamen ins Gespräch. «Kann man hier eigentlich heiraten?», fragte seine Freundin auf einmal. «Das schon», sagte ich. «Aber nicht um diese Uhrzeit.» Und gab ihr unsere Telefonnummer.

Tatsächlich meldeten sie sich zur Trauung an. Doch dann hörte ich ein halbes Jahr lang nichts mehr von den beiden. Und plötzlich tauchten sie wieder bei mir auf – heillos zerstritten. Vier Stunden lang saßen wir beisammen. Da ist nichts mehr zu retten, dachte ich. Zu verschieden. Er war ein Raubein, hatte sich ganz allein durchbeißen müssen und Erfolg gehabt und wollte nun sein Lebensglück genießen. Und sie war das genaue Gegenteil. Bei ihr drehte sich alles um die Familie. Alles, was sie tat, musste vorher im Familienkreis besprochen werden. Echt römisch eben. Aber er fand ihr «Duckmäusertum» unerträglich.

Mein Verstand sagte mir: Du musst ihnen raten, sich zu trennen. Dabei hätte ich ihnen nur zu gern geholfen. Nicht allein, weil ich die beiden ins Herz geschlossen hatte. Auch deshalb, weil ich die Liebe für das Wichtigste im Leben halte, für die größte Gabe es Heiligen Geistes an die Menschen. «Die Liebe ist langmütig. Sie erträgt alles, glaubt alles, hofft alles, hält allem stand» – so sagt es der Apostel Paulus, und so denke ich auch. Und deshalb habe ich es doch noch einmal versucht. Ich nahm die junge Frau beiseite und sagte: «Wenn du deinen Freund wirklich liebst, dann musst du dich jetzt für ihn entscheiden, mit allen Konsequenzen. Und diese Entscheidung kann dir niemand abnehmen, auch deine Familie nicht.» Sie nickte. Aber viel Hoffnung hatte ich nicht, als sie davonfuhren.

Fünf Monate später habe ich die beiden in der Kirche von Sant'Anselmo getraut. Sie hatten nach unserem Gespräch einen kirchlichen Ehekurs besucht und waren danach wie verwandelt – sie energischer, er liebenswürdiger als früher. Bei ihrer Hochzeitsfeier am Strand von Ostia war ich fast ebenso glücklich wie sie. Sie hatten sich zusammengerauft. Sie hatten verstanden, dass Liebe Nähe ist und Nähe Reibung bedeutet. Diese Reibung kann schmerzhaft sein. Aber sie erzeugt auch Wärme. Eine Wärme, von der man ein ganzes Leben lang zehren kann. Seither jedenfalls sehe ich die beiden alljährlich mindestens zwei Mal in Sant'Anselmo wieder – zur Christmette und in der Osternacht.

Versuchen Sie's doch mal mit Zusammenraufen. Es lohnt sich.

Das Kreuz, das man trägt, wenn man Madonna heißt

Sie werden davon gehört haben. Die amerikanische Popsängerin Madonna trat in ihrer letzten Show mit einer Dornenkrone auf, wie sie Jesus von den römischen Soldaten zum Hohn aufgesetzt bekam. Und kreuzigen ließ sie sich auch. Ist das nicht Gotteslästerung? Ist das nicht eine neue Verhöhnung Christi – so zum Spaß, zur Unterhaltung eines Publikums mal eben in die Rolle des leidenden Gottessohns zu schlüpfen? Und – soll man jetzt nicht empört sein?

Ich muss zugeben: Empört bin ich nicht. Ich bin bereit, Madonna ernst zu nehmen. Sie sei von Schwestern in einem katholischen Internat erzogen worden, sagt sie, und habe diese Erziehung als beklemmend erlebt. Als traumatische Erfahrung. Daher ja auch ihr Künstlername «Madonna», mit dem sie wohl zum Ausdruck bringen will, dass sie sich in der Schmerzensmutter Maria wiedererkennt. Und daher jetzt auch ihre Show. Madonna versteht sie als Anklage gegen eine Kirche, die die Weiblichkeit gekreuzigt habe. Und gleichzeitig wohl als Versuch, sich von ihrem Trauma zu befreien.

Ich nehme Madonna ab, dass sie die christlichen Symbole des Kreuzes und der Dornenkrone ernst nimmt. Aber ich habe auch den Eindruck, dass sie diese Symbole nur zur Hälfte versteht. Denn Kreuz und Dornenkrone sind paradoxe Symbole – sie haben zwei verschiedene, zwei ge-

gensätzliche Bedeutungen. Sie stehen nämlich nicht nur für das Leiden des unschuldigen Gottessohns, sie stehen auch für den Sieg über den Tod, für Vergebung und Erlösung durch die Liebe Gottes. Sie stehen für die Gewissheit, dass der Tod nicht das letzte Wort hat. Der Tod nicht, und das Schwesterninternat auch nicht. Ich wünsche Madonna deshalb vor allem, dass sie auch die zweite Bedeutung von Kreuz und Dornenkrone erkennt.

Madonnas Auftritt in Rom fiel übrigens genau in die Zeit, in der die Kirche die leibliche Aufnahme Marias in den Himmel feierte. Und diese Maria war eine starke und selbstbewusste Frau – sie hat einen Sohn zur Welt gebracht, dessen Vater nach christlicher Überzeugung nicht ihr Mann war, und hat sich zu diesem Sohn bekannt, als er hingerichtet wurde. Auch das gehört eben zum Glauben der Kirche: dass einer solchen Frau als erstem Menschen nach Jesus Christus die volle Herrlichkeit Gottes zuteil wurde. Wer sich Madonna nennt, für den sollte die Verherrlichung der Madonna doch ein Grund zur Freude und Genugtuung sein. Finden Sie nicht?

Jubeln gegen dunkle Tage

Ist es nicht so? Spätestens seit August beobachten wir mit Unbehagen, wie die Schatten wieder länger werden. Die schönen, sonnigen Herbsttage hat uns das nicht verderben können – aber jetzt steht die dunkle Jahreszeit bevor, und die kann sich ganz schön aufs Gemüt legen. Vielleicht gehören Sie auch zu den Menschen, denen das trübe Tageslicht und die frühe Dunkelheit richtig zu schaffen machen, die dann von einer unerklärlichen Schwermut heimgesucht werden. Ich kenne ein wunderbares Mittel dagegen: singen. Mit vielen anderen zusammen singen. Am besten in einem Kirchenchor.

Warum in einem Kirchenchor? Weil die Kirchenmusik uns erlaubt, aus vollem Herzen zu klagen und aus vollem Herzen zu jubeln. Dem tiefsten Leid und der größten Freude begegnen wir nur in den Gesängen, mit denen wir uns an Gott wenden. Denn wenn wir uns an Gott wenden, geht es immer um alles. Da bleibt es nicht bei der alltäglichen Nörgelei oder dem kurzen Aufatmen zwischendurch, da wird aus tiefster Seele geklagt und gefleht oder gelobt und gejubelt. Beim Singen merken wir plötzlich, wie etwas sich in uns öffnet, sodass unsere Seele sich ausdehnen und aufblühen kann. Und das befreit.

Schon für die Psalmendichter war Gottes Größe und Gottes Güte ein Grund zum Jubeln. Sicher, die Bibel kennt auch Not und Verzweiflung, aber nie treffen wir dort auf eine pessimistische Grundstimmung. Immer wieder ließen sich die Psalmdichter von der Schönheit der Welt und dem Wunder des Lebens überwältigen und konnten dann gar nicht anders, als Gott zu loben. An wen hätten sie sich sonst auch wenden sollen, um ihrer Freude und Dankbarkeit Luft zu machen? Ein ansteckender Jubel durchzieht deshalb die Psalmen. «Jauchzet dem Herrn, alle Welt!», so beginnt der 100. Psalm, und der Dichter des 96. Psalms fordert sogar die ganze Schöpfung zum Mitsingen auf: «Der Himmel freue sich, und die Erde sei fröhlich ... Es sollen jauchzen alle Bäume im Wald.»

Gott zu loben macht unendliche Freude – diese Erfahrung habe ich selbst vor vielen Jahren schon gemacht. Damals war ich ein junger Philosophielehrer in Sant'Anselmo, und nebenher leitete ich unseren Chor. Hin und wieder gaben wir Konzerte an herrlichen Orten wie der gotischen Kirche von Fossanova – unvergessliche Momente. Und je mehr ich bei diesen wunderbaren Gesängen auf Gott blickte, umso deutlicher wurde mir seine Größe, seine Herrlichkeit und seine Liebe. Als ich dann Abt meines Heimatklosters St. Ottilien wurde, brauchte ich einen Wahlspruch, wie ihn jeder Abt hat. Da entschied ich mich für «Jubilate Deo» – «Lobet Gott». Denn der Jubel über Gottes Güte war zu meinem Lebensinhalt geworden, und die Freude über seine Führung trägt mich beim Beten und Singen in meiner Mönchsgemeinschaft bis heute. Deshalb mein Rat an Sie: Singen Sie. Am besten in einem Kirchenchor. Denn es gibt kein besseres Mittel gegen dunkle Tage und schwere Zeiten.

> *Kinder brauchen Zuversicht, um das Leben meistern zu können*

Sind Mütter dafür da, ihren Kindern alle Wünsche zu erfüllen? Die Frau, mit der ich neulich sprach, scheint das zu glauben. «Mein dreijähriger Sohn ist so süß», sagte sie, «dass ich ihm nichts abschlagen kann. Ich bin froh, dass wenigstens seine Erzieherinnen im Kindergarten ‹nein› sagen können.» Sie bringt es also nicht über sich, ihr Kind zu erziehen, habe ich gedacht. Sie will die gute Fee für ihren Sohn spielen. Feen brauchen niemals nein zu sagen. Feen sind einzig und allein fürs Wünsche-Erfüllen zuständig.

Aber – ist das nicht ein bisschen wenig? Unsere Kinder in ein Paradiesgärtchen zu setzen, in dem sie jederzeit ihren Willen bekommen? In dem wir sie auf keinen Fall belästigen mit dem, was wir als Eltern für gut und richtig oder schlecht und falsch halten? Ist die Angst davor, auch mal eine unbequeme Mutter zu sein, wirklich der beste Ratgeber? Sicher, es stimmt schon: Noch nie war es so schwierig, in der Erziehung eigene Standpunkte zu haben. Die Moden in der Kindererziehung wechseln heutzutage alle paar Jahre, und da verzichten viele Eltern dann aus Unsicherheit lieber ganz auf jede Form von Erziehung. Sie wollen nicht mehr die Lehrer ihrer Kinder sein. Sie trösten sich damit, dass es reicht, die gute Fee für sie zu spielen.

Ich finde, dass das nicht reicht. Denn Kinder werden nicht von allein zu lebenstüchtigen und selbstbewussten

Menschen. Sie brauchen Eltern, die ihnen Sicherheit und Halt geben, damit sie später nicht von jedem Wind davongetragen werden. Sie brauchen ein klares Ja und ein klares Nein. Und vor allem brauchen sie einen festen Grund für ihre Zuversicht, das Leben zu meistern – komme, was da wolle.

Für das Volk Israel war dieser feste Grund die Erfahrung, die es mit seinem Gott gemacht hatte. Deshalb steht im 5. Buch Mose: Wenn dich dein Kind morgen fragt, was Gott von den Menschen will, dann komm ihm nicht gleich mit moralischen Vorschriften. Dann erzähl ihm erst einmal, wie Gott sein Volk aus der Gefangenschaft in Ägypten befreit hat. Antworte ihm mit der großen Freiheitsgeschichte, erzähl von diesem Gott, der Menschen nicht ihrem traurigen Schicksal überlässt.

Eine wunderbare Antwort. Denn sie sagt uns, worauf es in der Erziehung ankommt: auf einen festen Grund für unseren Lebensmut. Und diesen Grund können nur Eltern ihren Kindern geben. Kinder haben deshalb ein Recht zu erfahren, woher wir selbst unsere Hoffnung, woher wir selbst unseren Mut zum Leben nehmen. Und deshalb brauchen Kinder Mütter (und Väter), die ihnen nicht nur eine gute Fee sein wollen. Sondern ihnen auch Werte und Überzeugungen mitgeben, die sie zu starken und widerstandsfähigen Menschen machen.

Augenblicke des Glücks – Grund genug, an Gott zu glauben

Hat Ihnen auch schon mal jemand gesagt: «Aber ich bitte dich – du glaubst doch wohl nicht ernsthaft an Gott? Den gibt es doch gar nicht!» Oder haben Sie das vielleicht selbst schon einmal gesagt?

Richtig daran ist, dass Gott sich nicht wissenschaftlich beweisen lässt, nicht unter dem Mikroskop und nicht durch Flüge ins Weltall. Aber – muss man Gott denn beweisen? Beweist sich Gott nicht selbst – in jedem Augenblick des Glücks, den wir erleben? Schließlich können wir das meiste, was uns glücklich macht, doch nur als Geschenk begreifen. Sicher, manchen Erfolg verdanken wir unserer eigenen Tüchtigkeit. Manche Freude verdanken wir anderen Menschen. Aber wenn wir ehrlich sind, müssen wir zugeben: Letztlich haben wir wenig Einfluss auf unser Leben. Der Mann, der Sie liebt – ist er kein Geschenk? Die Kinder, die Sie lieben – sind sie kein Geschenk? Und Ihr eigenes Leben – ist es nicht ebenfalls ein Geschenk?

Und deshalb gibt es für mich noch einen weiteren Grund, an Gott zu glauben: Ich wüsste sonst nicht, wohin mit meiner Dankbarkeit. Soll ich sie einfach herunterschlucken? Das will und kann ich nicht. Soll ich dem Zufall dankbar sein? Der Zufall ist blind und taub. Soll ich mir alles auf die eigenen Fahnen schreiben? Das wäre Selbstbetrug. Ich bin deshalb froh, mich mit meiner Dankbarkeit an jemanden wenden zu können – an den Gott, der uns mit dem Glück eines strahlenden Frühlingstags beschenkt oder dem

Glück einer Freundschaft, einer Liebe. Würde ich nicht an ihn glauben, ich wüsste wirklich nicht, wohin mit meiner Dankbarkeit. Und schon deshalb frage ich mich nie, ob Gott sich beweisen lässt. Dass nur Gott als Adressat für meine Dankbarkeit in Frage kommt, ist mir Beweis genug.

Je mehr wir lernen, unserer Dankbarkeit freien Lauf zu lassen, desto enger wird unsere Beziehung zu Gott. Das Volk Israel wusste das – und brachte Gott deshalb regelmäßig Dankopfer dar. Die Israeliten stellten sich vor, der Duft der Opfer auf den Altären würde Gott als Wohlgeruch in die Nase steigen. Das mag uns heute geradezu komisch vorkommen. Aber im Grunde ging es darum, aus Dankbarkeit mit Gott zu teilen. Ein großartiger Gedanke. Denn so lernt man, großzügig und freigiebig zu werden und auch mit anderen Menschen zu teilen. Die Dankbarkeit bringt uns also nicht nur Gott näher, sie bringt uns auch den Menschen näher, denen wir begegnen. Und daher ist das Erntedankfest, das wir in diesen Tagen feiern, keine verstaubte Angelegenheit, bloß weil wir heute ganz andere Ansprüche haben, als täglich satt zu werden. Es erinnert uns nämlich daran, wie glücklich Dankbarkeit macht. Das sollten wir feiern.

Was ist wichtiger? Das Handy oder der Mensch?

Geht es Ihnen auch so? Manchmal könnte ich das Handy verwünschen. Da fahre ich zu einem Treffen der ostasiatischen Benediktiner auf die Philippinen, werde auf dem Flughafen in Manila von zwei jungen Schwestern abgeholt, gehe mit den beiden noch essen – und kaum sitzen wir, klingelt erst bei der einen das Handy, dann bei der Zweiten, und ich bin plötzlich Luft für sie. Abgeschrieben. Sie reden und reden und reden, bis ich sie unterbreche. «Sagt mal, sollte euch ein leibhaftiger Gast nicht wichtiger sein als euer Handy?», frage ich sie. «Könnt ihr euch vorstellen, wie ärgerlich es ist, ignoriert zu werden und dumm herumzusitzen?» Und was soll ich sagen? Sie hatten noch nie darüber nachgedacht. Sie waren regelrecht erschrocken.

Natürlich ist nicht das Handy schuld. Sondern die Verkäuferin in der Bäckerei, die munter in ihr Handy plappert, während sie mich bedient. Oder der Geschäftsmann auf dem Flughafen, der seinem gerade eingetroffenen Geschäftsfreund kurz die Hand schüttelt und ungerührt weitertelefoniert. Nicht, dass ich selbst aufs Handy verzichten könnte. Aber ich versuche, es kurz und diskret zu machen. Ich möchte mir nicht vorkommen wie der Heuchler im Matthäus-Evangelium, der zum Beten ein Publikum braucht und deshalb in aller Öffentlichkeit und möglichst laut und lange betet. Zieht euch zurück, betet daheim, hat Jesus solchen Leuten geraten. Macht euch nicht so wichtig.

Ob das lautstarke Handytelefonieren bei jeder Gelegenheit ebenfalls Wichtigtuerei ist? Mag sein. Das könnte eine Erklärung für die Handysucht sein, die Psychologen und Konsumforscher heute bei den Jungendlichen feststellen. Mich stört an den Handyleuten, die auf der Straße oder im Restaurant mit starrem Blick vor sich hinreden, vor allem, dass sie ihren Mitmenschen damit zu verstehen geben: Ihr zählt für mich gar nicht. Ihr existiert für mich gar nicht. Ihr dürft ruhig alles mitkriegen, weil ihr mir völlig egal seid. Ich bin der Mittelpunkt der Welt, und ihr seid nur Statisten.

Ich finde, dass unsere Welt dadurch kälter, unfreundlicher geworden ist. Können wir wirklich nichts daran ändern? Übrigens waren die beiden Schwestern in Manila für meinen Hinweis dankbar, nachdem sie sich von ihrem Schreck erholt hatten. Sie wollten ja gar nicht unhöflich sein. Es hatte sie nur noch niemand darauf aufmerksam gemacht. Wenn wir selbst mit gutem Beispiel vorangehen, meine ich, dann werden auch unsere Kinder einen solchen Hinweis verstehen.

Unbequeme Fragen für Christen und Muslime

Eigentlich, finde ich, eigentlich hätten doch viele hier bei uns über die Rede des Papstes in Regensburg empört sein müssen. Ich hätte mich jedenfalls über bissige Kommentare in unseren Zeitungen oder verärgerte Reaktionen bestimmter Politiker nicht gewundert.

Denn schließlich galt die Kritik des Papstes vor allem uns. Uns hat der Papst nämlich vorgeworfen, das Christentum nur noch als privates Hobby von Ewiggestrigen zu betrachten und damit unsere Moral, ja, unsere ganze Kultur aufs Spiel zu setzen. Und uns hat der Papst daran erinnern wollen, dass sich Vernunft und Religion gegenseitig ergänzen müssen, wenn wir die Menschen mit ihren Hoffnungen wirklich verstehen wollen, wenn wir die Welt wirklich menschlicher machen wollen.

Eine harte Kritik an der Entwicklung des Westens also, diese Rede Benedikts XVI. Aber aufgeregt hat sich bei uns, soviel ich sehe, niemand. Stattdessen gab es einen Aufschrei der Empörung in der muslimischen Welt. Zu Recht? Immerhin ist der Papst in seiner Rede auch auf die dunkle, die gewalttätige Seite des Islams zu sprechen gekommen. Hat er damit Mohammed beleidigt? Und alle Muslime obendrein?

Ich glaube, dass keine Seite richtig zugehört hat. Wir im Westen nicht, weil wir unbequeme Fragen gar nicht mehr zur Kenntnis nehmen. Und die zornigen Demonstranten in den muslimischen Ländern nicht, weil sie unbequeme Fragen nicht hören wollen. Wäre es nicht besser gewesen, über die Rede des Papstes erst einmal nachzudenken? Dann hätte man sich in der islamischen Welt vielleicht daran erinnert, dass wir Christen unsere eigene Gewaltgeschichte nicht verdrängt haben. Und dass Johannes Paul II. im Jahr 2000 für alle Untaten, die Christen im Namen ihrer Religion begangen haben, um Vergebung gebetet hat. Ist es beleidigend, von den Vertretern des Islams ein ähnliches Eingeständnis zu erwarten?

Ich möchte nicht missverstanden werden. Ich habe größten Respekt vor unseren muslimischen Mitbürgern. Wenn ich in meiner Studienzeit in München morgens um fünf auf dem Weg zur Messe war, begegnete ich häufig Türken, die die Straße kehrten oder für die Müllabfuhr sorgten. Manchmal bin ich dann vom Rad abgestiegen, um ein Schwätzchen mit ihnen zu halten und ihnen meinen Dank auszusprechen. Es wäre schrecklich, wenn diese Menschen heute durch die Unbeherrschtheit von Demonstranten anderswo in Misskredit gerieten. Aber die Frage des Papstes an die Muslime muss erlaubt sein: Wie haltet ihr es mit der Gewalt? Genauso, wie wir uns seine Frage gefallen lassen müssen: Was hat uns dazu gebracht, unseren eigenen Glauben so zu vernachlässigen? Gott segne Sie, ob Sie nun Muslim sind oder Christ.

Wenn wir doch nur wieder miteinander reden würden

Haben Sie es auch schon gehört? Das Schweigen, meine ich. Das Schweigen um uns her. Es ist leicht zu überhören, das gebe ich zu, denn leiser ist unsere Welt ja nicht geworden – dafür sorgen schon die Lautsprecher in jedem Raum, jeder Gaststätte, jedem Supermarkt. Aber uns selbst scheint es allmählich die Sprache zu verschlagen. Rund 20 Millionen Menschen in Deutschland reden oft 24 Stunden lang kein Wort mit einem anderen, lese ich in einer Untersuchung. Und eine andere Statistik besagt, dass Eheleute kaum mehr Zeit fürs Gespräch miteinander aufbringen, als es dauert, ein Ei hart zu kochen: durchschnittlich zwölf Minuten. Pro Tag.

Ich finde das erschreckend. Denn Menschen, die so wenig miteinander reden, leben aneinander vorbei. Und erstarren dabei innerlich. Ich kenne dieses Problem aus unseren Klöstern. Auch dort wird mir oft viel zu viel geschwiegen. Das gefährdet die ganze Gemeinschaft. Denn wenn einer den anderen nur noch anschweigt, dann stauen sich Unterstellungen und Verdächtigungen an, und irgendwann ist die ganze Atmosphäre gründlich vergiftet. Wenn es mir dann gelingt, die Gesprächsbereitschaft wieder zu wecken, ist das größte Problem eines Klosters oft schon gelöst.

Als Christen brauchen wir übrigens nicht lange zu suchen, bis wir ein Beispiel für echte Gesprächsbereitschaft finden. Wir brauchen nur das Neue Testament aufzuschlagen und nachzulesen, wie unbefangen Jesus mit den Leuten redete. Wie leicht es ihm fiel, auch mit Unbekannten ins Gespräch zu kommen. Da musste nicht «die Chemie stimmen», wie man heute sagt. Jesus kannte keine Vorurteile und keine Vorbehalte, er unterhielt sich ganz ernsthaft mit Kindern und redete in freundlichem Ton mit den ungeliebten Vertretern der römischen Besatzungsmacht. Und die Leute suchten ihrerseits das Gespräch mit ihm. Was mir beweist, dass Jesus auch ein guter Zuhörer war.

Denn das ist für mich das Entscheidende bei jedem Gespräch: das Zuhörenwollen und Zuhörenkönnen. Das lässt sich nicht am Computer oder vor dem Fernseher lernen. Zuhören bedeutet sich einfühlen, teilnehmen, miterleben. Wenn also jemand mit einem Problem zu mir kommt, brauche ich oft kaum etwas zu sagen. Ich gebe ihm nur das Gefühl, ernst genommen zu werden, und die Zeit, um innerlich aufzutauen. Das allein tut schon gut. Nicht selten findet mein Gesprächspartner noch während unseres Gesprächs die Lösung selbst. Und sollten wir zu keiner Lösung kommen, gilt immer noch die alte Weisheit: Geteiltes Leid ist halbes Leid, geteilte Freude aber doppelte Freude. Ein offenes Gespräch ist deshalb nie verlorene Zeit. Es ist geschenkte Zeit.

Der Glaube – alles Schwindel?

Wie Sie wissen, lebe ich seit Jahren in Rom. Aber die Italiener überraschen mich immer aufs Neue. Kürzlich wurde ich beim Verlassen einer Trattoria vom Besitzer gefragt, was ich von dem deutschen Papst halte. Wir kamen ins Gespräch, und siehe da: Der Mann hatte viel über diesen Papst nachgedacht und sprach freimütig aus, was er empfand: dass Benedikt XVI. die Menschen liebe. Das war für ihn bei einem Papst das Wichtigste. Und deshalb hielt er große Stücke auf ihn – so wie viele andere Römer auch, die sicherlich nie eine päpstliche Enzyklika lesen, aber die Ansprachen des Papstes eifrig in der Pizzeria diskutieren.

Immer wieder fällt mir auf, wie unbefangen die Italiener über Religion und Kirche sprechen. Sie sind gewiss keine Heiligen. Ihre Frömmigkeit lässt sich nicht am Kirchenbesuch ablesen, und in Glaubensfragen denken sie oft großzügiger, als es dem Papst recht sein mag. Aber in ihren Herzen sind die meisten tiefgläubige Menschen. Sie hoffen auf einen barmherzigen Gott, dem sie sich ganz selbstverständlich anvertrauen an den Wendepunkten ihres Lebens, bei Taufe, Hochzeit und Beerdigung. Und das Verhältnis zu ihren Pfarrern ist in aller Regel herzlich.

In unserem Land habe ich immer den Eindruck, dass sofort Skepsis und Argwohn aufkeimen, sobald die Rede auf den christlichen Glauben und die Kirche kommt. Der Papst? Erfüllt die Erwartungen nicht. Oder übertrifft die schlimmsten Befürchtungen. Der Glaube? Alles Schwindel. Die Kirche? Ein Seelengefängnis, nur dazu da, den Menschen die Lebensfreude zu vergällen. Da herrscht eine regelrechte Lust, Fehler nachzuweisen und Versäumnisse vorzuhalten und Frömmigkeit als Selbstbetrug zu entlarven. Das Entscheidende wird darüber vergessen: die christliche Botschaft. Die frohe Botschaft von dem Gott, der sich den Menschen endgültig zugewandt hat und sie mit seiner Liebe erlösen möchte.

Vielleicht sind die Italiener ja deswegen mit ihrem Glauben glücklicher, weil sie so viel für die schönen Seiten des Lebens übrig haben. Sie wollen feiern, die Sonne genießen und das gute Essen auch. Und gleichzeitig bejahen sie die menschlichen Werte des Glaubens und fühlen sich bei Gott zu Hause. Manchmal wünschte ich mir, wir Deutsche könnten von unseren Reisen nach Italien etwas mit zurückbringen von dieser selbstverständlichen christlichen Einstellung.

Es gehört Mut zur Nächstenliebe

In diesen Tagen feiern wir einen Heiligen, den wirklich jedes Kind kennt: Sankt Martin. Den Heiligen, der seinen Mantel mit dem Bettler geteilt hat. Klar. Und sonst? Wer war denn dieser Martin? Es lohnt sich wirklich, mehr über ihn zu wissen. Denn Martin ist ein großartiges Beispiel dafür, wie stark, wie mutig und unabhängig der Glaube an Jesus Christus einen Menschen machen kann.

Als Martin an einem lausig kalten Wintertag des Jahres 354 dem Bettler begegnete, war er nicht älter als 18 Jahre – ein Soldat der römischen Armee, der gerade mit seiner Truppe in eine französische Stadt einritt. Seit drei Jahren war er jetzt schon beim Militär, und eigentlich sollte er nach dem Vorbild seines Vaters Offizier werden. Aber seitdem er Christ geworden war, reizte ihn das nicht mehr. Und jetzt hockte da also dieser frierende Bettler am Straßenrand. Auch Martins Kameraden mussten ihn gesehen haben, aber alle waren sie achtlos an ihm vorübergeritten. Nur Martin spielte nicht den Unbeteiligten. Er zügelte sein Pferd, nahm seinen warmen Umhang ab, stach mit dem Schwert hinein, schnitt ihn in zwei Hälften und reichte eine davon dem Bettler.

Das war's. Mehr nicht. Eine kleine, unbedeutende Geschichte. Und trotzdem bis heute unvergessen. Warum? Ich glaube, weil solche spontanen Taten praktischer Nächstenliebe immer beeindrucken. Vor allem, wenn sie Überwindung kosten. Und Martin, den stolzen römischen

Soldaten, muss es Überwindung gekostet haben, denn die Umstehenden werden zunächst gegrinst haben, und seine Kameraden werden über ihn den Kopf geschüttelt haben. Aber Martin hatte keine Angst, sich zu blamieren. Als Christ kann man eben nicht den Unbeteiligten spielen. Mit derselben mutigen Entschlossenheit warf er zwei Jahre später dann dem römischen Kaiser sein Schwert vor die Füße und trat aus der Armee aus. Fortan lebte er in einer Höhle in den Uferfelsen der Loire, predigte und heilte Kranke. Schon mit 30 Jahren galt er als Heiliger und wurde vom Volk so geliebt, dass die Bürger der französischen Stadt Tours ihn zum Bischof wählten, gegen den Willen der kirchlichen Autoritäten.

Übrigens auch gegen seinen eigenen Willen. Ihm lag nichts an Einfluss und Ehre. Als Martin merkte, was die Leute von ihm wollten, soll er sich in einem Gänsestall versteckt haben. Doch das Geschrei der aufgeregten Gänse verriet ihn – und das ist der Grund, weshalb wir bis heute zu St. Martin eine Gans essen. Lassen Sie sich Ihre Martinsgans schmecken. Und lassen Sie sich von dem Mut des heiligen Martin anstecken.

> *Wer vertraut, kann über sich und andere lächeln*

Kann man Humor lernen? Das wäre schön. Denn mit humorlosen Menschen hat man es nicht leicht. Sie mit sich selbst übrigens auch nicht. Erst vor kurzem hatte ich mit jemandem zu tun, der vor Humorlosigkeit nur so «sprühte». Jedes scherzhaft gemeinte Wort von mir nahm er ernst und gab es barsch zurück. Für die Karikaturenmaler auf der Piazza Navona hier in Rom wäre er ein gefundenes Fressen gewesen, denn die Humorlosigkeit war ihm ins Gesicht geschrieben: finster zusammengezogene Brauen, mürrische Falten um den Mund und eine herunterhängende Schmolllippe.

Ein Abt hat mir einmal gesagt, er schaue bei den Kandidaten für sein Kloster zuallererst darauf, ob sie Humor haben. Den Glauben könnten sie zur Not im Kloster noch lernen, aber den Humor nicht. Und es stimmt: Für das Leben in der Gemeinschaft ist es ungeheuer wichtig, sich weder von seinem eigenen Ärger noch von der Aufgeregtheit der anderen mitreißen zu lassen. Da ist wirklich viel geholfen, wenn man das, was einen stört, auf die leichte Schulter nehmen kann. Aber ob Humorlose wirklich unverbesserlich sind?

Humor ist ja nicht nur eine Gabe, er ist auch eine ganz bestimmte Einstellung zum Leben. Wann immer ein Problem auftaucht, gehen humorvolle Menschen auf Abstand. Sie treten zwei, drei Schritte zurück – und was eben noch beängstigend groß erschien, wirkt nun schon kleiner und harmloser. Sie wissen auch, dass alles vorübergeht, das Schreckliche wie das Schöne, und können deshalb über vieles lachen, oder doch wenigstens schmunzeln, was andere bitter ernst nehmen.

Auch bei Jesus begegnen wir übrigens einem solchen Humor. Ich würde ihn als heiligen Unernst bezeichnen. Verbeißt euch nicht in eure Probleme, verrennt euch nicht in eure Sorgen, rät Jesus seinen Jüngern. Quält euch nicht mit Zukunftsängsten. Nehmt euch ein Beispiel an den Vögeln. Sie säen nicht, sie ernten nicht, und ihr himmlischer Vater ernährt sie doch. Wenn Gott schon so liebevoll für die Vögel sorgt – wie viel mehr dann für euch?

So unbekümmert kann nur einer reden, der Gott völlig vertraut. Und auf dieser Zuversicht gründet für mich der echte Humor. Wer den besitzt, der entdeckt Farben dort, wo alle anderen schwarzsehen. Und dieser Humor ist nicht angeboren, man kann ihn lernen. Sie sind auf dem besten Weg dahin, wenn Ihnen morgen früh aus dem Spiegel ein müdes, griesgrämiges Gesicht entgegenblickt – und Sie bringen es fertig, zu schmunzeln.

Kann man auf eine geistige Gemeinschaft verzichten?

Eine junge Frau aus meinem Bekanntenkreis schrieb mir vor einiger Zeit, sie habe den Ärger über Rom und den Papst und auch die Enttäuschung über ihren Pfarrer endgültig satt. Sie sei aus der Kirche ausgetreten. Was sollte ich ihr antworten?

Es treten ja viele aus. Und alle haben ihre Gründe. Viele treten aus Überzeugung aus, weil sie Gott für eine Illusion halten und von Trost und Gnade und Erlösung nichts mehr hören wollen. Andere finden, dass sie auch ohne Kirchenmitglied zu sein an Gott glauben können. Und manch einer kehrt seiner Kirche aus Enttäuschung über den Pfarrer und die Kirchenpolitik den Rücken, so, wie meine Bekannte. Alles Gründe, die ins Gewicht fallen, wie ich finde. Nur – könnten wir wirklich erleichtert aufatmen, wenn es die christlichen Kirchen nicht mehr gäbe?

Stellen wir uns doch einmal vor, kein Papst, kein Bischof und kein Pfarrer würde mehr dem Trommelfeuer der Werbung und der Anbetung des Erfolgs die Botschaft der Nächstenliebe entgegensetzen. Niemand würde mehr offen aussprechen, dass der Mensch schwindelig wird und jeden Halt verliert, wenn er sich nur noch um sich selbst dreht. Und niemand würde uns mehr daran erinnern, dass wir alle nach Gottes Ebenbild geschaffen sind und das menschliche Leben deshalb unantastbar und heilig ist. Ginge es uns dann besser?

Also habe ich der zornigen jungen Frau geantwortet, ich

könne sie gut verstehen. Aber wenn der Ärger über die Kirche ein Grund zum Austreten wäre, dann hätte ich selbst schon längst austreten müssen. Auch mich stört einiges. Aber mein Glaube hängt nicht von Menschen und ihrer Engstirnigkeit ab, dafür ist er mir viel zu kostbar. Für keinen Ärger der Welt würde ich auf die Gemeinschaft mit meinen Ordensschwestern und Ordensbrüdern im Gebet verzichten oder auf die Erfahrung von Gottes Gegenwart im Kreis der Gläubigen während der Messe.

Und ich freue mich, dass immer mehr Menschen ähnlich denken – und nach Jahren religiöser Gleichgültigkeit wieder in die Kirche eintreten. Viele, weil sie eine Familie gründen und ihren Kindern eine geistige Heimat geben wollen. Andere, weil sie einen Ort der Besinnung brauchen. Oder weil sie wieder neugierig darauf sind, was Jesus wirklich gesagt hat. Oder weil sie ein Zeichen setzen wollen gegen eine Welt, die ihr Glück nur noch in Konsum und Unterhaltung sucht. Meine Bekannte gehört inzwischen übrigens auch zu diesen Menschen. Auch sie ist wieder in die Kirche eingetreten. Gut, dass ich damals nicht klein beigegeben habe.

Toleranz – im anderen das Ebenbild Gottes sehen

Im 4. Buch Mose gibt es eine Geschichte, die ich Ihnen erzählen möchte. Mose, der hellhäutige Israelit, verliebt sich da nämlich in eine dunkelhäutige Frau, eine Äthiopierin, und heiratet sie. Wo er sie getroffen hat? Ich weiß es nicht – vielleicht ist sie seit dem Auszug der Israeliten aus Ägypten schon im Volk mitgezogen. Aaron jedenfalls, Moses Bruder, und seine Schwester Mirjam finden diese Ehe mit einer Schwarzen skandalös. So skandalös, dass sie Mose am liebsten als Führer des Volkes absetzen würden. Und jetzt schaltet sich Gott ein. Auf wessen Seite wird er sich schlagen? Daran lässt Gott gar keinen Zweifel. Mit Moses Ehe ist er völlig einverstanden. Mirjam und Aaron aber werden zur Strafe für ihre Engstirnigkeit erst einmal krank.

Rassismus gab es also schon damals. Vorbehalte, weil einer anders aussah, eine andere Hautfarbe oder eine andere Nase hatte. Nur, Gott macht sofort klar, dass er das nicht durchgehen lassen will. Aron und Mirjam haben diese Lektion zähneknirschend lernen müssen. Und diesen Geist der Toleranz findet man in allen fünf Büchern Mose. An vielen Stellen dieser großartigen Sammlung von Geschichten und Gesetzen werden die Israeliten aufgefordert, Fremde genau wie ihresgleichen zu behandeln. So heißt es zum Beispiel an einer anderen Stelle, dass niemand seinen Weinberg ganz abernten soll, damit durchreisende Ausländer immer noch genug Trauben finden, um sich in der Mittagshitze daran zu laben. Unentgeltlich, natürlich. Wären wir heute, bei aller Toleranz, genauso großzügig?

Wir Benediktiner sind übrigens auch nicht davor gefeit, Unterschiede zwischen Schwarz und Weiß zu machen. Lange Zeit gab es zum Beispiel in Afrika keine gemischten Klöster, da hatten die Europäer ihr eigenes Kloster und die Afrikaner auch. Erst vor etwa 30 Jahren fiel uns auf, dass das dem Geist der Bibel widerspricht. Auch der Apostel Paulus erinnert uns ja daran, dass die Herkunft oder der Kulturkreis eines anderen für Christen keine Rolle spielen darf, weil vor Gott alle Menschen gleich sind. Ich habe mich damals mit aller Kraft für diese gemischten Klöster eingesetzt. Heute gibt es sie, aber es hat die europäischen Brüder und Schwestern viel Überwindung gekostet.

Nach meiner Überzeugung bedeutet echte Toleranz, in jedem Menschen, und sei er uns noch so fremd, ein Geschöpf Gottes zu sehen. Jemanden, dem seine Liebe genauso gilt wie uns. Nicht alle Probleme des Zusammenlebens können so gelöst werden. Aber sehr viele.

> *Das Äußere ist eine Frage der inneren Einstellung*

Es war auf dem Flughafen von Rom. Der Flug nach München wurde aufgerufen, die Leute bewegten sich zum Gate. Ich blieb noch etwas sitzen, ich hatte keine Eile, im Flugzeug hat ja jeder seinen festen Platz. Vor mir, auf meiner Augenhöhe, zogen Bäuche vorbei, viele dicke Bäuche, in enge T-Shirts verpackt, manche halbnackt. Die Bäuche von deutschen Italien-Touristen. Offenbar geben die wenigsten etwas auf ihr Aussehen, dachte ich.

Da fiel mir ein roter Hut am Ende der Schlange auf. Ein ausladender roter Hut, der etwas schräg auf dem Kopf saß. Darunter das Gesicht einer jungen Frau, die Augenbrauen leicht nachgezogen, die Lippen mit etwas Rot verstärkt. Auch sie war leicht gekleidet – doch welcher Unterschied! Mit ihrer bunten Batikbluse und ihrer schwarzen Baumwollhose schien sie aus einer anderen Welt zu kommen. Und wirklich, sie war aus einer anderen Welt. Auf ihrem Rucksack entdeckte ich den Aufdruck «Australia».

Ich dachte nach. Eine junge Australierin reist nach Deutschland. Sie weiß, dass man durch Kleidung seinen Respekt vor anderen ausdrückt. Sie weiß, dass man mit seinem Äußeren zu erkennen gibt, was man von seinen Mitmenschen hält. Und als Erstes trifft sie auf deutsche Urlauber, denen das alles schnuppe ist. Die auf dem Standpunkt stehen: Ist mir doch egal, wie ihr mich findet. Aussehen, Manieren, Umgangsformen – alles nicht so wichtig. Wird das so weitergehen, fragte ich mich, wenn sie in Deutschland ankommt? Wird sie nicht auch dort auf Schritt und Tritt Menschen begegnen, denen ganz gleichgültig ist, welchen Anblick sie bieten?

Ich hoffe, dass die junge Australierin sich davon nicht beeindrucken ließ. Denn ich bin sicher: Wer solche Regeln des Umgangs vernachlässigt, der vernachlässigt sich selbst. Der lässt sich gehen und glaubt auch noch, im Recht zu sein. Das sind ja keine Äußerlichkeiten. Wie man auftritt ist eine Frage der inneren Einstellung. Ich habe mich deshalb gefreut, von einer katholischen Grundschule in Deutschland zu hören, wo Kinder beim täglichen Mittagessen gemeinsam die Umgangsformen einüben: Messer und Gabel zu benutzen, höflich um etwas zu bitten und so zu essen, dass es nicht unappetitlich aussieht. Viele kennen das von zu Hause gar nicht mehr. Aber die Regeln, die sie hier lernen, machen Gemeinschaft überhaupt erst möglich. Dass die Kinder vor dem Essen ein Tischgebet sprechen, freut mich natürlich besonders. Denn so wird auch Gott in die Gemeinschaft mit einbezogen.

Ruhig bleiben, auch wenn alles schiefgeht

Sie kennen das: Manchmal könnte man aus der Haut fahren, weil alles schiefgeht. Auch ich kenne solche Situationen. Da wollte ich von Rom über Frankfurt und Peking nach Nordkorea fliegen, wo wir Benediktiner ein Krankenhaus gebaut haben. Die Aktion «Sternstunden» hatte uns ein Ultraschallgerät speziell für Kinder geschenkt, das wollte ich bei dieser Gelegenheit übergeben und malte mir schon die Freude der nordkoreanischen Ärzte aus.

Bei der Zwischenlandung in Peking wartete ich vergeblich auf mein Gepäck. Kein Koffer, kein Ultraschallgerät. Eine Stunde verging, bis die Verlustanzeige ausgefüllt und abgestempelt war. Der Computer auf dem Flughafen Peking gab keinerlei Auskunft. Bei der Gepäckermittlung in Frankfurt ebenfalls Fehlanzeige. Stunden später dann der Anruf auf meinem Handy: Das ganze Gepäck stehe noch in Rom, insgesamt 2000 Koffer. Schöne Bescherung. Dann die Nachricht, mein Gepäck sei gefunden worden, mit der nächsten Maschine gehe es nach Peking. Na, immerhin, aber ich musste weiter. Von Peking aus flog ich in den hintersten Winkel der Mandschurei, um von dort aus über Land nach Nordkorea zu fahren. Ein Freund in Peking kümmerte sich jetzt um den Fall. Er würde mir meine Sachen in die Mandschurei nachschicken. Hoffentlich.

In der Mandschurei angekommen, erfuhr ich, dass die Maschine mit meinem Gepäck wegen schlechten Wetters in Peking nicht starten könne. Was nun? Ich legte mich schlafen. Morgens um halb vier trommelte mich mein Fahrer heraus. Neben ihm stand mein Koffer und das Ultraschallgerät. Was war ich erleichtert! Um sieben Uhr ging es weiter nach Nordkorea – und an der Grenze kassierte eine Zollbeamtin das Gerät ein! Als ich bei unserem Krankenhaus eintraf, stand ich mit leeren Händen da. Und siehe da, am nächsten Morgen traf es tatsächlich doch noch ein. Nach vier Tagen zwischen Hoffen und Bangen. Wunderbar.

Meine Begleiter haben mich dann gefragt, wie ich die ganze Zeit über so ruhig bleiben konnte. Ganz einfach: Ich habe im Lauf meines Lebens gelernt, dass es immer eine Lösung gibt. Klar, ich habe ein paar Stoßgebete an den heiligen Antonius gesandt. Aber ich weiß, dass ich Gott vertrauen kann. Wenn mir selbst nichts mehr einfällt, sorgt er dafür, dass es doch noch gelingt. Das hat gar nichts mit Coolsein zu tun. Coolsein ist Unbeteiligtsein, und Christen sind nie unbeteiligt. Sie leiden und sie bangen mit. Aber sie brauchen sich nicht verrückt machen zu lassen. Ich sage mir jedenfalls immer, wenn wieder mal alles über meinem Kopf zusammenschlägt: Gott ist auch noch da. Kein Grund zur Aufregung.

Geben, um den Himmel zu öffnen

Auf dem Bürgersteig einer Einkaufsstraße sitzt ein Mann, vor sich einen Pappbecher. Er blickt zu Boden. Ein Bettler. Welche Gedanken schießen Ihnen durch den Kopf? Um solche Leute sollte sich der Staat kümmern? Der sollte lieber arbeiten? Wer weiß, wofür er das Geld ausgibt? Hat der es überhaupt nötig, zu betteln?

Solche Gedanken wären menschlich, und ich finde auch, dass man sich einen Bettler ruhig anschauen darf. Aber eins sollten wir nicht vergessen: wie leicht ein Mensch durch einen Schicksalsschlag aus der Bahn geworfen werden kann. Vielleicht hat dieser Mann da auf der Straße seine geliebte Frau bei einem Autounfall verloren, vielleicht hat eine schwere Krankheit ihm den Lebensmut geraubt, und jetzt bringt er nicht mehr die nötige Kraft für den Lebenskampf auf. Diese Lebensgeschichte, die kann man ihm nicht ansehen, so streng wir ihn auch mustern mögen. Es könnte sein, dass er unser Mitleid wirklich verdient. Es könnte sein, dass unsere Barmherzigkeit das Einzige ist, das ihn nicht völlig verzweifeln lässt.

Wie beglückend ein kleines Geschenk, eine kleine Gabe sein kann, das ist mir wieder bewusst geworden, als ich kürzlich den Brief einer jungen Frau las. «Meine erste Begegnung mit Ihnen hat mich schwer beeindruckt», schrieb sie. «Sie haben mir ein Stück Kuchen spendiert, weil ich beim Losziehen auf dem Benediktusfest nichts gewonnen hatte. Kuchen scheint für eine Sechsjährige so toll zu sein, dass ich das heute noch weiß.» Wie glücklich muss sie damals gewesen ein. Und wie gering war der Kummer dieses Mädchens im Vergleich zu der Not, in der sich unser Bettler befinden könnte.

Ein Freund erzählte mir von einem Erlebnis in Afrika. Eine Frau ohne Beine war mit ausgestreckter Hand auf ihn zugekrochen, und weil er keine Münzen dabeihatte, gab er ihr die kleinste Banknote im Portemonnaie – viel Geld für diese Frau. Als er weiterging, hörte er hinter sich ihr Geschrei. Er fragte seinen Begleiter, was das zu bedeuten habe. «Sie ruft: Der Himmel hat sich für mich aufgetan!», antwortete der. Wir dürfen diesen Schrei der Frau ruhig wörtlich verstehen. Wir schauen tatsächlich für einen Augenblick in das Antlitz Gottes, wenn wir das Mitleid anderer auf so handfeste Weise erfahren. Und wir sind Botschafter der Liebe Gottes, wenn wir Menschen helfen, die sich selbst nicht mehr zu helfen wissen. Gott braucht uns. Wir sind seine Hände, seine Füße, sein Mund und auch sein Herz. Es muss ja nicht viel sein, was wir geben. Aber wenn wir nichts geben, bleibt der Himmel verschlossen.

> *Eine schöne Seele braucht keine Schönheitsoperationen*

Ich habe eine Geschichte gehört, die mich nachdenklich gemacht hat. Keine besondere Geschichte. Die Geschichte einer jungen Frau, 17 Jahre alt, die über ihren Busen todunglücklich war. Todunglücklich, tatsächlich. «Ich habe mein ganzes Selbstvertrauen verloren», sagte sie. «Ich will einen Busen, der zu mir passt.» Sie ließ sich operieren, da war er ihr zu groß. Sie ließ sich noch einmal operieren, da war er richtig, genau richtig. Und zwar wie? Klein und stramm. Mit anderen Worten: so wie alle Busen, die man in Werbebildern und auf dem Laufsteg täglich zu sehen bekommt.

Lassen Sie mich nachdenken. Wenn das der Busen ist, der zu ihr passt – dann passt also nur das zu ihr, was zu allen passt? Und was alle, die es sich leisten können, schon haben? In diesem Fall der 08/15-Normalbusen? Nein, ich will nicht unhöflich sein. Aber – was hält eine junge Frau von sich selbst, wenn sie sich nur mit einem Busen abfinden kann, der sich so wenig wie möglich von all den Werbe- und Laufstegbusen unterscheidet? Empfindet sie sich denn nicht als einmaliges, einzigartiges Wesen?

Denken Sie nicht, ich hätte etwas gegen einen schönen Körper. Ich glaube nur, dass die junge Frau sich selbst belügt. Denn eine Frau, die ihr Selbstbewusstsein von ihrem Busen abhängig macht, die hat gar keins. Und sie wird auch keins entwickeln, solange sie glaubt, ein neuer Busen könnte ihr dieses fehlende Selbstvertrauen schenken. Was heißt es denn, sich selbst zu vertrauen? Das heißt doch, sich in seiner Haut auch dann wohl zu fühlen, wenn diese Haut, wenn dieser Körper nicht dem gängigen Schönheitsideal entspricht. Die junge Frau wäre viel ehrlicher gewesen, wenn sie sich den wahren Grund für ihren Kummer eingestanden hätte – nämlich ihre Angst, nicht zu gefallen, nicht geliebt zu werden. Wäre sie so ehrlich gewesen, dann hätte sie sich vielleicht gesagt, dass es wenig mit dem Aussehen zu tun hat, ob man anderen gefällt, ob man geliebt wird. Und ihr wäre vielleicht aufgefallen, dass es nicht nur schöne und hässliche Körper gibt, sondern auch schöne und hässliche Seelen, und dass eine schöne Seele viel liebenswerter macht als ein schöner Körper.

Nein, ich habe nichts gegen Schönheit – wenn sie Ausstrahlung ist. Und diese Ausstrahlung besitzen nur Menschen, für die der Körper nicht die Hauptrolle spielt. Wer die Ausstrahlung einer schönen Seele besitzt, der gefällt, davon bin ich überzeugt. Der wird auch geliebt. Und kann sich den Gang zum Schönheitschirurgen ersparen.

Das Kind in der Futterkrippe – ein Leben nach neuen Regeln

Ist es nicht so? Für viele von uns ist die Weihnachtsgeschichte nur noch ein hübsches Märchen. Die rührende Geschichte von einem Mann und einer Frau, die sich über die Geburt ihres ersten Kindes freuen und das Glück haben, ein paar Leute zu finden, die sich mitfreuen. Sicher, Weihnachten wird noch gefeiert. Aber wer traut sich, laut auszusprechen, dass dieses Baby namens Jesus in der Futterkrippe eines Viehstalls Gottes Sohn ist? Wem würde es nicht schwerfallen, rundheraus zu sagen, dass Gott selbst in diesem Stall zur Welt gekommen ist?

Ich will Ihnen verraten, warum Jesus für mich Gottes Sohn ist: weil wir durch Jesus ein klareres Bild von Gott bekommen haben. Weil wir durch ihn gelernt haben: Gott ist kein Schulmeister, der von uns verlangt, Regeln und Vorschriften auswendig zu lernen. Gott ist kein Erzieher, der will, dass wir ihm blind gehorchen. Gott ist kein Richter, der nur auf einen Fehler von uns wartet, um uns zu bestrafen. Nein, Gott ist die Liebe. Und diese Liebe Gottes ist mit Jesus leibhaftig in die Welt gekommen. Wenn wir in den Evangelien nachlesen, was das Besondere an Jesus war, dann stellen wir fest: Er hielt sich in seiner Beziehung zu anderen Menschen an keine Verhaltensregeln und keine Vorsichtsmaßnahmen. Er kannte kein Schema für den Umgang mit Menschen. Er sortierte auch nicht aus nach sympathisch und unsympathisch oder nach standesgemäß und nicht standesgemäß. Alles was Jesus tat und sagte, entsprang einer unverwüstlichen Liebe zu jedem Einzelnen, einem tiefen Verständnis für dessen Schwächen, einer unerschütterlichen Zuneigung zu allen, egal, was sie ausgefressen oder verbockt oder verbrochen hatten.

Jeder, der sich in seiner Nähe aufhielt, seine Jünger zum Beispiel, war fasziniert von seiner Menschenfreundlichkeit, seiner Geduld und seiner Gelassenheit. Und fand es deshalb vollkommen überzeugend, wenn Jesus sagte: Es ist Gottes Wille, dass wir allen Menschen mit Freundlichkeit und Verständnis begegnen, allen, sogar unseren Feinden. Und jeder spürte: Das ist etwas völlig Neues. Das bedeutet: kein Leben nach festen Regeln und Vorschriften mehr, wie es die Pharisäer versuchen. Sondern ein Leben, das sich an einer einfachen Wahrheit orientiert: Es reicht, sich von der Liebe Gottes leiten zu lassen.

Diese Wahrheit verdanken wir Jesus. Und das ist für mich Grund genug, das Kind in der Krippe für Gottes Sohn zu halten.

Weihnachten oder das Glück, sich mitzufreuen

In meiner Lebensgeschichte gibt es ein bestimmtes Weihnachtsfest, das mir mehr bedeutet als alle anderen. Ein Weihnachtsfest, das mein ganzes Leben bestimmt hat. Es war das Weihnachtsfest des Jahres 1942.

Mein Vater war im Krieg. Aber unser Vermieter, der im Erdgeschoss wohnte, war für die Feiertage von der Front zurückgekommen. Ich erinnere mich, wie ich am Heiligen Abend unten ein Glöckchen läuten hörte und meine Mutter zu mir sagte: «Das Christkind ist gekommen.» Und ich sehe mich noch heute im Halbdunklen die Stiege hinunterrennen. Rennen ist eigentlich zu viel gesagt – ich war damals erst zweieinhalb Jahre alt und musste jede Stufe einzeln überwinden.

Unten angekommen, tat sich vor mir die Wohnzimmertür auf. Dahinter war es dunkel, aber dann sah ich den Tannenbaum mit den brennenden Kerzen. Und unter dem Baum fand ich in einem goldenen Netz drei Bauklötze, auf allen Seiten mit Bildern beklebt. Ich war vor Glück wie gebannt. Ich begann, die Bauklötze mit meinen Fingerchen aus dem Netz zu ziehen. Dabei drehte ich mich um – und sah diesen Mann, unseren Vermieter, strahlend vor Glück über meine Freude hinter mir stehen. Seine eigene Freude schaute ihm buchstäblich aus den Augen. Bald danach ist er gefallen. Doch sein leuchtendes Gesicht sehe ich bis heute vor mir. Damals habe ich gelernt: Es gehört zu den größten Freuden, anderen eine Freude zu bereiten.

Mit der Bescherung war dieser Weihnachtsabend für mich aber noch nicht vorbei. Anschließend nahm mich meine Mutter mit in die Christmette, stellte mich kleinen Stöpsel vor sich auf die Bank und hielt mich fest. Und ich habe mit fassungslosem Staunen dem Gesang gelauscht und den Weihrauch eingesogen und den Lichterglanz genossen. Was sich da vor meinen Augen und Ohren abspielte, das war für mich überwältigend schön. Noch heute finde ich kaum Worte dafür.

Seither war ich für die Kirche gewonnen. Zeit meines Lebens habe ich mit Religion etwas Schönes verbunden. Die Kirche war und ist für mich ein Ort, an dem man feiert und Freude empfindet und seiner Dankbarkeit freien Lauf lassen kann. Und dankbar bin ich – nicht zuletzt meiner Mutter, die mich nach der Bescherung nicht ins Bett geschickt hat. Ich bin fest davon überzeugt, dass Kinder, die so etwas erleben, heute nicht anders reagieren als ich damals. Deshalb wünsche ich mir: Gönnen Sie Ihren Jüngsten dieses Glück. Erlauben Sie ihnen, das Christentum als eine Religion der Freude zu erfahren.

Reinen Tisch machen fürs neue Jahr

Ich könnte mir denken, dass Ihnen nicht ganz wohl war, wenn Sie in den letzten Tagen des alten Jahrs zum Nachdenken gekommen sind. Da fällt einem plötzlich auf, wie schnell ein Tag auf den anderen folgt. Und wie rücksichtslos die Zeit uns durchs Leben scheucht. Sie wären mit solchen Gedanken nicht allein. Die sture Marschkolonne der Tage, Monate und Jahre war den Menschen noch nie geheuer, deshalb haben sie immer versucht, der Zeit einen menschlicheren Rhythmus zu geben. Wie? Durch Feiertage, die eine andere Geschichte erzählen als die von der unbarmherzig ablaufenden Zeit. Eine, die der Zeit einen Sinn, eine Bedeutung gibt. In unserer christlichen Welt ist es die Geschichte des Gottessohns, die wir uns im Lauf eines Jahres erzählen, wenn wir Ostern, Himmelfahrt oder Weihnachten feiern. Und was ist mit Neujahr?, könnten Sie fragen. Passt dieses Datum auch in diese Geschichte hinein?

Ganz wunderbar, finde ich. Worum geht es denn beim Wechsel vom alten Jahr zum neuen? Doch darum, wieder einen Anfang zu erleben. Noch einmal beginnen zu können, mit neuem Schwung und neuem Mut. Plötzlich liegt das Leben wieder frisch und verheißungsvoll vor uns, wenn – ja, wenn wir nicht den Fehler machen, alten Ärger mit ins neue Jahr hineinzuschleppen. Was ich damit meine? Zum Beispiel den Streit mit dem Lebensgefährten, den falschen Verdacht gegenüber einer Freundin, die Beleidigung einer

Arbeitskollegin, alles, wofür man sich nie entschuldigt hat, was einfach unter den Teppich gekehrt wurde. Wie oft kommt es vor, dass Menschen einen tiefen Groll davon zurückbehalten und nicht mehr miteinander reden! Und wie leidet der eine wie der andere darunter!

«Vergib uns unsere Schuld, wie auch wir vergeben unseren Schuldigern», lautet die zweite Bitte des Vaterunsers. Das heißt: Schenke uns den Mut, lieber Gott, reinen Tisch zu machen. Ich weiß, das «verzeih mir» geht uns oft schwer über die Lippen. Leichter ist es, zunächst Gott um Vergebung zu bitten – bei ihm können wir das Gesicht nicht verlieren, mit ihm können wir offen sprechen. Aber danach sollten wir denen, die sich über uns geärgert haben, die Hand zur Versöhnung reichen. Das kann erschütternd sein, so eine Versöhnung. Erschütternd schön. Mut zu großen Gefühlen gehört dazu. Es dürfen auch Tränen fließen. Die Wirkung ist auf jeden Fall befreiend. Erst dann haben wir die Kraft für einen wirklichen Neubeginn. Und deshalb meine ich: Neujahr sollte für uns ein Versöhnungsfest sein. Dann hat auch dieser Tag seinen Sinn und seine Bedeutung.

Killerspiele schaden Kindern

Vielleicht ist Ihnen das auch schon passiert. Eine Mutter kommt nach Hause und findet ihre beiden Buben mit dem Vater zusammen bei einem Killervideospiel. Also bei einem dieser perversen Gewaltvideos, in denen es darum geht, so viele Menschen wie möglich abzuknallen. Die Mutter hält solche Videos für mörderischen Schweinkram und hat sie ihren Kindern deshalb verboten. Aber der Vater hat selbst Spaß an der Ballerei und behauptet, kein Psychologe hätte je bewiesen, dass solche Spiele Kindern schaden. Die Mutter ist ratlos. Sie braucht keinen Beweis dafür, dass die Lust an Blutbädern etwas Ekelhaftes ist. Sie möchte einfach nicht, dass ihre Kinder Spaß am Töten haben. Aber was soll sie machen?

Wenn Sie dieses Problem auch kennen, möchte ich Sie bestärken: Killervideospiele sind pervers. Spielen heißt ja immer lernen – etwas über die Welt lernen und etwas über sich selbst lernen. Kein Spiel geht spurlos an einem Kind vorüber, aus dem einfachen Grund, weil nichts, gar nichts an einem Kind spurlos vorübergeht. Wenn wir als Kinder früher Mensch-ärgere-dich-nicht gespielt haben, dann haben wir dabei gelernt, Rückschläge zu ertragen. Wir haben gelernt, wie schnell das Glück wechseln kann und dass die Welt nicht untergeht, wenn man einmal verliert. Bei Monopoly später haben wir gelernt, mit Geld umzugehen und Risiken einzuschätzen. Alles ziemlich nützlich.

Und was lernt man bei Gewaltvideos? Dass die Welt voller Feinde ist und dass gegen Feinde nur Abknallen hilft. Man lernt auch, dass man sich mit Problemen nicht lange herumzuschlagen braucht – ein Schuss genügt, und die Sache ist erledigt. Und man lernt obendrein, dass es das Klügste ist, dem anderen nicht ins Gesicht zu schauen. Sonst könnte man womöglich seine Todesangst darin sehen, seine Liebe zum Leben, seine Verzweiflung – und dann doch nicht schießen. In der Welt der Killerspiele ist eine solche menschliche Regung tödlich. Tödlich für den Spieler. Tödlich für Ihr Kind. Dann doch lieber schießen.

Ein Bub, der sich so etwas täglich reinzieht, gewöhnt sich an Brutalität. Und irgendwann empfindet er bei Gewalt Freude statt Abscheu. Wollen Sie das? Wenn nicht, sprechen Sie mit Ihrem Mann, reden Sie mit Ihren Kindern. Fragen Sie sie, warum sich die halbe Welt aufregt, wenn ein Kind einen Regenwurm quält, aber alle sich damit abfinden, wenn Kinder Menschen über den Bildschirm jagen. Und warum sie erst auf den unwiderlegbaren Beweis dafür warten wollen, dass Killerspiele Kindern schaden.

> *Wenn der Mensch leer ist, muss wenigstens der Tag voll sein*

«Wir könnten einfach alles machen. Deshalb machen wir einfach nichts.» Das entdeckte ich als Aufkleber in einem deutschen Restaurant. Ein kluger Kopf, wer so was schreibt, dachte ich. Er trifft den Nagel auf den Kopf. Genau das ist unser Problem. Wir könnten einfach alles machen ... weil alles irgendwie möglich und alles irgendwie richtig und alles irgendwie cool ist, weil die Auswahl an Lebenseinstellungen so groß ist wie die Auswahl an Waren in den Kaufhäusern, weil wir uns nur zu bedienen brauchen. Da kann einen schon eine lähmende Gleichgültigkeit befallen. Denn bevor man loslegt, muss man sich für ein Ziel entscheiden. Aber für welches? Wenn alles gleich wertvoll ist, dann ist auch alles gleich wertlos. Kein Wunder, dass sich vor allem junge Leute für gar nichts mehr entscheiden, sich einfach hängen- oder gehenlassen und volldröhnen, mit Handy, Computer und MP3-Player, gegen die unerträgliche Langeweile.

Andere versuchen, der inneren Leere durch eine überdrehte Betriebsamkeit zu entkommen. Sie flüchten sich in den Unentbehrlichkeitswahn. Der Tag rauscht an ihnen vorbei, und am Ende könnten sie nicht einmal sagen, ob es ein besonders guter oder ein besonders schlechter Tag gewesen ist. Wenn sie es aber doch einmal fertigbringen, aus der Hektik des Alltags auszusteigen, fühlen sie sich ausgelaugt und ratlos. Und können nur noch daran denken, was sie alles nicht geschafft haben. Also wieder ins Gewühl gestürzt. Nur nicht zur Besinnung kommen! Wenn der Mensch schon leer ist, muss wenigstens der Tag voll sein.

Glauben Sie mir, liebe Leserinnen, ich weiß, wie voll ein Tag sein kann. Auch ich bin oft gestresst. Aber ich fürchte mich nicht, zur Besinnung zu kommen. Und deshalb unterbreche ich viermal am Tag meine Arbeit fürs Chorgebet, wie alle Mönche, und singe gemeinsam mit meinen Mitbrüdern die Psalmen. «Schluss jetzt», sage ich mir, «Gott hat Vorrang. Die nächste halbe Stunde gehört Gott.» Weil ich weiß: In dieser halben Stunde, da stoße ich nicht ins Leere, da finde ich zu mir, da arbeitet meine Seele, da erlebe ich den engen Kontakt zu Gott. Wer diesen Kontakt zu Gott hat, der ist froh, wenn er zur Ruhe kommt. Der braucht sich nicht vollzudröhnen oder durch Hektik zu betäuben. Der lernt sich selbst immer besser kennen und kann sich dann sehr wohl für Lebensziele entscheiden. Das ist jedenfalls meine Erfahrung. Und diese Erfahrung wünsche ich auch Ihnen.

> *Manchmal ist Schweigen tröstlicher als alle Worte*

Sie werden das Buch Hiob im Alten Testament kennen – oder sich zumindest daran erinnern, dass diesen Hiob jedes erdenkliche Unglück traf, dass er alles verlor und selbst mit einer furchtbaren Krankheit geschlagen wurde. Es ist ein schwieriges Buch. Aber ich meine, wir können manches daraus lernen, und zwar für den Umgang mit Menschen, die ein schwerer Schicksalsschlag getroffen hat.

Allein die richtigen Worte zu finden, wenn eine Freundin ihren Sohn durch einen Unfall verloren hat, wenn ein Freund die Diagnose Krebs erhält – wie kommen wir da in Verlegenheit! Hiobs Freunden geht es nicht anders. Aber sie versuchen erst gar nicht, ihn zu trösten. Sie setzen sich zu ihm – und sprechen sieben Tage lang kein einziges Wort. Unglaublich. Offenbar wissen sie, dass es die richtigen Worte in einer solchen Situation gar nicht gibt, weil kein tröstliches Wort und kein gutgemeinter Ratschlag einen so tiefen Schmerz lindern können. Stattdessen beweisen sie Hiob, wie stark ihre Freundschaft ist, indem sie seinen jammervollen Anblick ertragen. Und das ist viel tröstlicher als alle Worte. Denn Leidende wollen in ihrer Verzweiflung ernst genommen werden. Sie wollen nicht hören, dass alles wieder gut wird und das Leben weitergeht – das ist für sie nur das Geschwätz von Leuten, die sich niemals in ihre Lage versetzen können.

Viel wichtiger als Reden ist Sich-sehen-Lassen und Mit-

Anfassen und Zuhören – und dem Unglücklichen zu verstehen geben: Wir geben dich nicht auf. Wir halten dir die Tür zum Leben offen, bis du wieder neuen Mut schöpfst oder genesen bist. Oder bis zum allerletzten Augenblick. Nebenbei beweisen wir ihm so, dass es noch etwas anderes gibt als seinen Schicksalsschlag. Vielleicht gelingt es uns dann, die verzweifelte Freundin und den niedergeschlagenen Freund in unsere Welt zurückzuholen, in die sie eigentlich gar nicht mehr zurückwollten.

Einfach da sein – das ist das Klügste, was Hiobs Freunde machen konnten. Dann allerdings halten sie es nicht mehr aus, sie müssen Hiob ein paar heilsame Wahrheiten sagen. Und stellen prompt fest, dass Hiob gut darauf verzichten kann. Auch das also können wir von diesem Buch lernen: dass zwischen uns und dem Leidenden ein Abgrund klafft, über den kein verständnisvolles Wort und kein freundlicher Ratschlag hinüberführt. Überflüssig sind wir als Freunde deshalb trotzdem nicht. Und wenn alles gutgeht, werden wir sogar erleben, dass die Freundschaft hinterher enger geworden ist als je zuvor.

Wüst und wild gelebt – für Gott kein Problem

Immer wieder mal kommen Menschen zu mir, die nicht mehr beten können. Wie diese Frau, 40 Jahre alt, Mutter dreier Kinder. Früher hat sie gebetet, abends, vor dem Einschlafen, aber das ist lange her. Heute glaubt sie, vor Gott nicht mehr bestehen zu können. Sie schämt sich vor Gott, weil sie viel falsch gemacht hat. Vielleicht nicht wirklich falsch – aber sie hat sich ausgetobt, hat ein wildes Leben geführt, und jetzt fühlt sie sich vor Gott schuldig. Dabei würde sie gern beten. Früher hat es ihr gutgetan. Aber sie traut sich nicht. Traut sich nicht einmal, mit ihren Kindern zu beten.

Sie selbst übrigens fühlt sich unschuldig. «Da gibt es nichts zu bereuen», sagt sie, «die Erfahrungen, die ich damals gemacht habe, waren wichtig für mich. Aber ich fürchte, dass ich mit dieser Einstellung bei Gott nicht durchkomme.» Seither hat sie jedenfalls das Gefühl, dass alles, was in ihrem Leben schiefgeht, eine Strafe Gottes sein könnte. «Gott ist unzufrieden mit mir», sagt sie. Und glaubt jetzt erst recht, sich nicht mehr bei ihm sehen lassen zu können. Was soll ich ihr sagen?

Nun, zunächst einmal kann ich mir vorstellen, dass sie einiges erlebt hat. Sie ist eine hübsche, temperamentvolle Frau. Aber woher weiß sie so genau, wie Gott denkt und was Gott unverzeihlich findet?

Mein erster Gedanke ist: Vielleicht ist doch etwas vorgefallen, womit sie nicht fertig wird und das sie sich selbst nicht verzeiht. Vielleicht sind bei ihrem wilden Leben doch nicht alle gut davongekommen, und jetzt rebelliert ihr Unterbewusstsein gegen ihr gutes Gewissen. Und mein zweiter Gedanke ist: Sie kennt die Gottesfurcht, aber nicht das Gottvertrauen. Sie nimmt an, dass Gott sich rächt oder durch Strafen erzieht. Aber davon steht nichts im Neuen Testament. Dort steht vielmehr die Geschichte vom verlorenen Sohn – eines der schönsten Gleichnisse, die Jesus erzählt hat. Dieser verlorene Sohn hat ein wüstes Leben geführt. Irgendwann geht es ihm richtig dreckig, er nimmt seinen Mut zusammen und traut sich nach Hause zurück. Und sein Vater macht ihm keine Vorwürfe! Er nimmt ihn mit offenen Armen auf und organisiert sogar ein Festessen. So, sagt Jesus, geht es jedem, der sich im Gebet an Gott wendet, egal ob Unschuldslamm oder Wüstling. Und so würde es auch der verlorenen Tochter gehen, die fürchtet, Gott trage ihr etwas nach. Vor Gott, habe ich ihr gesagt, braucht man sich nicht zu schämen. Das ist das Schöne.

Den Teufel kann man guten Gewissens benennen

Gibt es eigentlich das Böse? Vielleicht sogar den Teufel, den Satan? Ich will Ihnen eine Geschichte erzählen, eine ganz harmlose. Ein zehnjähriger Junge gestand mir, seine kleine Schwester mit einer Spinne die Treppe hochgejagt zu haben. Da habe ich zunächst geschmunzelt und gesagt: «Du, das ist nicht so tragisch. Das war nur ein Dummerjungenstreich ...» Aber der Bub schüttelte energisch den Kopf. «Nein», sagte er, «ich weiß ja, welche Angst meine Schwester vor Spinnen hat. Und es hat mir Spaß gemacht, meine Schwester zu ärgern.» Da verstand ich, was er meinte. Er hatte seine eigene Böswilligkeit entdeckt und war über sich selbst erschrocken. Es gibt sie ja tatsächlich, diese schon fast unheimliche Lust am Bösen, am Quälen, am Fertigmachen eines anderen Menschen. Und sie steckt in jeder und jedem von uns.

Das meint die Bibel, wenn sie ganz nüchtern feststellt: «Das Begehren des menschlichen Herzens ist böse von Kindheit an.» (1. Mose 8,21) Gemeint ist: Wir sind alle anfällig für das Böse, in jedem Alter. Diese Lust, anderen zu schaden, überkommt uns einfach manchmal, wir wissen gar nicht, wie. Beim Guten ist das nicht so. Wenn wir als Kinder auf dem Schulhof eine Apfelsine mit unseren Klassenkameraden geteilt oder später für Katastrophenopfer gespendet haben, dann geschah das mit Bedacht. Und höchstens, wenn wir verliebt sind, werden wir schon mal von echtem Wohlwollen überwältigt. Aber das Gehässige und Verletzende tun wir selten mit Bedacht, das juckt uns vielmehr in den Fingern, das überfällt uns hinterrücks, und oft merken wir erst, was wir angerichtet haben, wenn wir wieder zur Besinnung kommen.

Man kann also tatsächlich sagen: Hier sind zwei unterschiedliche Kräfte am Werk. Eine, die fast wie ein Verführer vorgeht, heimlich und heimtückisch. Und eine andere, die uns nicht verführen, sondern überzeugen und durch Liebe gewinnen will. Wenn wir die Macht des Guten Gott nennen, warum sollen wir die Macht des Bösen dann nicht Teufel nennen? Natürlich ist dieser Teufel nicht an seinen Hörnern und seinem Pferdefuß zu erkennen. Aber immer, wenn Menschen Macht über andere Menschen gewinnen wollen, um sie zu unterwerfen, auszubeuten oder zu erniedrigen, können wir sicher sein: Jetzt ist nicht mehr die Kraft Gottes am Werk. Mit der Aussicht darauf, Macht über unsere Mitmenschen zu gewinnen, verführt uns nur der Teufel.

> *Mehr Mut zum wirklichen Leben*

Da geht man ein Mal nicht in Italien, sondern in Deutschland zum Friseur, und schon erfährt man Erstaunliches. Ich hatte den Mann gefragt, ob er Lehrlinge ausbildet. Da holte er Luft und setzte zu einer längeren Geschichte an.

«Im Prinzip, ja», sagte er. «Aber, um die Wahrheit zu sagen: nein. Wir haben's aufgegeben. Letztes Jahr hatten wir zwei Mädchen hier. Das erste verlor den Überblick, sobald mehr als zwei Kunden im Laden waren. Diese junge Frau hielt sich dann zwar noch auf den Beinen, konnte aber keinen klaren Gedanken mehr fassen. Total überfordert. Trotzdem besaß sie noch genug Geistesgegenwart, jede Anweisung von mir erst mal ausgiebig zu diskutieren. Nach vier Wochen fand sie, dass Friseur nicht der richtige Beruf für sie sei, und gab auf.

Das zweite Lehrlingsmädchen hielt unsere Arbeitszeiten für übertrieben. Die waren mit der Freizeitgestaltung dieser jungen Frau nicht zu vereinbaren. Jeden zweiten Abend wollte sie früher gehen, weil sie etwas vorhatte. Ich habe mit ihr gesprochen, und dabei kam heraus, dass sie ihr ganzes Leben noch nicht gearbeitet hatte. Sie hatte noch nie ein Glas gespült! Zu Hause hatte sie keinen Handschlag machen müssen. Wir haben uns dann von ihr getrennt. Zweimal Pech gehabt, dachte ich. Und dann erfuhr ich von Kollegen, dass es ihnen mit ihren Lehrlingen ganz ähnlich geht.» Mein Friseur lachte kurz auf, als Ausdruck seiner

Ratlosigkeit. Dann meinte er: «Offenbar erwarten Eltern heute vom Lehrherrn, dass er ihren Kindern erst einmal Arbeitsmoral beibringt. Oder wie man mit Kunden freundlich redet. Oder dass man mit den Gedanken bei der Sache sein muss. Tut mir leid, aber dafür bin ich nicht da. Jetzt bilden wir gar nicht mehr aus.»

Er war fertig. Wir verabschiedeten uns, und ich dachte auf dem Heimweg: Diesen jungen Menschen ist kein Vorwurf zu machen. Aber ihre Eltern, was denken die sich wohl? Bereiten sie ihre Kinder gar nicht mehr aufs Leben vor? Ist es denn ein Zeichen von Liebe, von seinen Kindern nichts mehr zu verlangen? Was Hänschen nicht lernt, das lernt Hans nimmermehr, haben wir früher gesagt. Ich glaube, das stimmt immer noch. Alles muss beizeiten geübt werden. Im Elternhaus. Es mag heute mehr Mut zu einer guten Erziehung gehören. Aber sollten wir den nicht aufbringen? Tun wir unseren Kindern den Gefallen, sie zu selbständigen Menschen zu erziehen. Bereiten wir sie darauf vor, dass sie das Leben nicht auf einem silbernen Tablett serviert bekommen. Nur Mut.

Von Männern, die keinen Stress wollen

Stimmt es, dass die Ängstlichkeit zunimmt, obwohl wir immer sicherer und bequemer leben? Ich habe jedenfalls den Eindruck: Je besser es uns geht, desto mehr Menschen versinken in Mutlosigkeit. Da erscheinen kleine Risiken manchen Leuten schon als lebensbedrohlich. Und besonders bedrohlich, könnte man meinen, ist die Liebe. Nicht das Verliebtsein natürlich, nicht die nette, unverbindliche Affäre, nein – die große Liebe, die Entscheidung für einen Menschen, mit dem man für immer zusammenbleiben will.

Sie ahnen, wen ich dabei besonders im Auge habe? Richtig, die Männer. Heiraten? Eine Familie gründen? Kinder haben? Mit ein und derselben Frau das ganze Leben verbringen? Immer mehr Männer sagen: «Viel zu viel Stress. Das tue ich mir nicht an.» Und glauben, glücklicher zu werden, wenn sie in der Liebe nur noch kleine Brötchen backen.

Zum Verzweifeln, solche Männer? Das glaube ich gerne. Und ich bin sicher: Wer so billig an sein Glück zu kommen versucht, wird es nie finden. Denn nichts, gar nichts kann im Leben gelingen, wenn man von vornherein alle großen Hoffnungen fahrenlässt und sich aus Angst vor Stress mit der bequemsten Lösung zufriedengibt. Wie sagt Alexis Sorbas? Wenn Sie den Film gesehen haben, werden Sie sich erinnern: «Leben heißt, den Gürtel enger schnallen und nach Schwierigkeiten Ausschau halten.» Recht hat er.

Und dieser Lebensmut wird belohnt, auch und gerade in der Liebe.

Ich freue mich immer, nach vielen Jahren ehemalige Schüler unserer Klosterschule in St. Ottilien wiederzutreffen. Wenn sie geheiratet haben und Väter geworden sind, sind sie wie verwandelt. Aus leichtsinnigen jungen Männern sind liebevolle und fürsorgliche Erwachsene geworden. Sie drehen sich nicht mehr selbstverliebt um sich selbst, weil sie Erfahrungen gemacht haben, die unter die Haut gehen. Aufs Ganze gehen, etwas Großes wagen, das ist auch in der Liebe der Weg zum Glück. Etwas Eigensinn, etwas Unabhängigkeit opfern, um unendlich viel mehr zu gewinnen. Im Alten Testament finden wir ein schönes Bild für die großen Hoffnungen, die wir zum Leben brauchen. Da beschreibt der Prophet Sacharja die herrliche Zukunft des zerstörten und entvölkerten Jerusalems und sagt: «Es sollen hinfort wieder alte Männer und Frauen auf den Plätzen Jerusalems sitzen, jeder mit seinem Stock, und die Plätze der Stadt sollen voll sein von Knaben und Mädchen, die dort spielen.» Ob dieses Bild nicht auch Männer anrühren kann, die «keinen Stress» haben wollen?

Gott — es gibt nichts Besseres gegen die Angst

Sind Sie schon mal mit 140 über die nächtliche Autobahn gefahren – und haben es urplötzlich mit der Angst zu tun bekommen? Haben gedacht: Was für ein Wahnsinn, so durch die Nacht zu rasen! Geradezu selbstmörderisch! Manche überfällt diese Angst auch auf hohen Brücken, wenn sie die gähnende Tiefe unter sich spüren. Mit einem Mal ist die alte Sicherheit weg, und man merkt: Wir sind von Gefahren umgeben, wir balancieren über einem Abgrund. Als würde einem der Boden unter den Füßen weggezogen, als würde man auf einer schwimmenden Insel treiben, im Dunklen, irgendwohin.

Was uns die nötige Sicherheit im Leben verleiht, das ist die Gewissheit, festen Grund unter den Füßen zu haben. Man kann es Heimat nennen, Verwurzlung oder Glauben. Wer diesen Halt nicht hat, stürzt ab. Mitunter sind es Kleinigkeiten, an die wir uns klammern – wie die Goldfische der Chinesin, mit der ich vor einiger Zeit auf dem Landweg nach Nordkorea fuhr. Unterwegs erzählte sie mir, dass sie seit 13 Jahren in der nordkoreanischen Stadt Rason lebt, wo wir Benediktiner ein Krankenhaus haben. In der letzten chinesischen Stadt vor der Grenze hielten wir an. Ich kaufte Zigaretten und Cognac als Geschenke für unsere Gastgeber in Nordkorea. Und was schleppte die Chinesin an? Einen großen Plastiksack mit Wasser, in dem sich acht Goldfische tummelten! Sie waren nicht nur schön anzusehen, diese Goldfische. Für die Dame aus China waren sie ein Stück Heimat, vertraute Wesen, die ihr über die Fremdheit Nordkoreas hinweghelfen sollten.

Ich kann solche Gefühle gut nachvollziehen. Als Abtprimas bin ich eigentlich ständig auf Reisen und besuche Klöster in aller Welt. Selten habe ich heimatlichen Boden unter den Füßen. Meine Geborgenheit finde ich dann im Kreis meiner Mitschwestern und Mitbrüder, also unter jenen Menschen, die so wie ich die Nähe Gottes suchen. Überall, wo ich hinkomme, versammeln wir uns zu denselben Stunden im Gotteshaus, um die Psalmen miteinander zu singen, und immer erleben wir dann die Gegenwart Gottes als etwas ganz Reales. Das ist meine Heimat, mein fester Halt.

Diese Erfahrung können Sie auch machen, an jedem Sonntagmorgen. Wenn Sie schon lange keine Messe, keinen Gottesdienst mehr besucht haben, dann versuchen Sie es doch einfach mal wieder. Erleben Sie für eine Stunde die Gegenwart Gottes. Es gibt nichts Besseres gegen die Angst.

Ein Zeichen menschlicher Größe: Gnade

In diesen Tagen ist viel von Gnade die Rede. Von Gnade für einen deutschen Terroristen, der nun seit 24 Jahren im Gefängnis sitzt – für Christian Klar. In den siebziger Jahren haben er und seine Terrorbande RAF mehrere Menschen kaltblütig ermordet. Begnadigt unser Bundespräsident ihn tatsächlich, käme er zwei Jahre früher frei als vorgesehen. Das hat er nicht verdient, sagen Sie vielleicht? Genau. Verdient hat er es nicht. Aber das ist ja das Schwerbegreifliche an der Gnade: Sie ist niemals verdient. Sie ist immer ein unverdientes Versöhnungsangebot. Und sie kostet immer Selbstüberwindung, weil unser Gerechtigkeitsgefühl sich dagegen sträubt.

Ich will Ihnen ein Beispiel erzählen. In eins unserer amerikanischen Klöster dringt eines Tages ein bewaffneter Mann ein, tötet zwei Mönche und verletzt zwei weitere schwer, bevor er sich selbst erschießt. Es herrscht großes Entsetzen. Und dann beschließen die überlebenden Brüder, diesen Mörder gemeinsam mit seinen Opfern auf dem Friedhof ihres Klosters beizusetzen. Als wäre er einer von ihnen. Als Zeichen der Versöhnung.

Sehen Sie, das ist Gnade: Böses mit Gutem zu vergelten. Unmenschlichkeit mit Menschlichkeit heimzuzahlen. Und den Täter, den Verbrecher, trotz allem als meinesgleichen zu akzeptieren. Sie können sich vorstellen, wie viel Überwindung das meine amerikanischen Mitbrüder gekostet haben muss. Aber Sie haben sicher auch selbst schon die Erfahrung gemacht, wie befreiend es wirkt, Gnade vor Recht ergehen zu lassen und einer Freundin beispielsweise einen Verrat zu verzeihen, obwohl sie gar nicht um Verzeihung gebeten hat. Oder seinem Sohn einen schweren Fehltritt zu vergeben, obwohl er uneinsichtig ist. Das ist geradezu erlösend – und zwar für alle. Denn mit dem unverdienten Versöhnungsangebot befreien wir uns selbst von der Wut, von dem Schmerz, von der ganzen Vergiftung, die eine schreckliche Tat in unserer Seele hinterlassen hat. Und dem Sünder geben wir damit sein menschliches Gesicht zurück.

Die amerikanischen Benediktiner haben den Mörder genauso wie einen ihrer Mitbrüder behandelt, die er erschossen hat. Und Christian Klar? Er hat eine lange Gefängnisstrafe abgesessen. Soll er jetzt begnadigt werden, auch wenn er nicht bereut? Sollen wir ihm sagen, dass er nach 24 Jahren hinter Gittern wieder zu uns gehört – und damit ein Zeichen menschlicher Größe setzen, das Gottes Gnade zum Maßstab nimmt? Mag sein, dass das unserem Gerechtigkeitsgefühl widerspricht. Aber ich glaube, es wäre christlich.

Hoffnung über den Tod hinaus

Ostern ist das große Freudenfest der Kirche. Und die Messe in der Osternacht ist für mich das beglückendste Erlebnis im ganzen Kirchenjahr. Im Verlauf des Ostergottesdienstes erleben wir diesen wunderbaren Umschwung der Gefühle – von tiefster Trauer über Jesu Tod zum Jubel über seine Auferstehung.

Petrus war es damals genauso ergangen. Nach Jesu Hinrichtung am Kreuz waren die meisten seiner Jünger und Anhänger aus Jerusalem geflohen, hielten sich angstschlotternd in ihren Heimatdörfern versteckt. Alles war verloren. Petrus gehörte zu den ganz wenigen, die es noch in der Stadt aushielten. Und er war auch einer der Ersten, denen sich Jesus nach seiner Auferstehung zeigte. Was machte Petrus? Er schickte Boten in die Dörfer, in die Verstecke der Jünger, er trommelte sie alle zusammen, er ließ ihnen ausrichten: «Es ist doch nicht alles verloren. Jesus lebt! Er ist auferstanden! Kommt zurück!» Und sie kamen tatsächlich. Eben noch tiefverzweifelt, versammelten sie sich in kurzer Zeit alle wieder in Jerusalem. So entstand die erste christliche Gemeinde, die Urgemeinde.

Nicht alle haben sich seinerzeit so schnell überzeugen lassen. Ein Toter, der wieder lebendig wird? In der christlichen Gemeinde von Korinth hatten da einige ihre Zweifel – und fragten den Apostel Paulus nach Beweisen. Der blieb gelassen. Er schickte den Korinthern eine Liste mit allen Personen, denen der gekreuzigte Jesus nach seiner

Auferstehung begegnet war (nachzulesen in 1. Korinther 15,3 – 8). «Die meisten davon leben noch», schrieb er dazu, «es ist ja gerade mal 20 Jahre her. Fragt sie, wenn ihr wollt.» Für Paulus selbst war die Sache klar: Wenn Jesus nicht auferstanden wäre, gäbe es gar keinen christlichen Glauben.

Übrigens sind selbst die Ostereier ein Zeugnis für diesen Glauben. Denn in jedem Ei entwickelt sich neues Leben, unsichtbar, bis die Schale platzt und das Küken schlüpft. Früher hat man darin ein Sinnbild der Auferstehung Jesu aus dem Grab gesehen. Selbst die Ostereier können uns also daran erinnern, was den Kern der christlichen Botschaft ausmacht: Jesus hat den Tod besiegt. Und deshalb haben wir eine Hoffnung, die über den Tod hinausreicht. Die Hoffnung auf ein ewiges Leben bei Gott.

Eigentlich braucht man Dieter Bohlen nicht

Sucht Deutschland wirklich den Superstar, wenn im Fernsehen *Deutschland sucht den Superstar* läuft? Oder wollen wir in Wirklichkeit nur erleben, wie junge Leute sich blamieren und anschließend von Dieter Bohlen abgekanzelt werden, weil sie sich selbst so furchtbar überschätzt haben? Denn ein Superstar wird von denen wohl kaum einer werden. Dennoch finde ich diese Sendung interessant. Wissen Sie, warum?

Weil ich auf dem Bildschirm junge Menschen sehe, die so gern an ihre Einmaligkeit glauben würden. Und die so gern erleben würden, dass ihre Einmaligkeit bemerkt wird. Aber nicht von irgendwem. Sondern von ebendiesem Dieter Bohlen. Und warum ausgerechnet von dem? Weil sie seinem Urteil trauen. Sie wissen ja, der nimmt kein Blatt vor den Mund. Der fällt klare und gnadenlose Urteile. Das schreckt die Kandidaten offenbar nicht ab. Im Gegenteil. Sie wissen ja, was ihnen blüht, und sie nehmen jeden Verriss, jede Demütigung in Kauf, nur um einmal zu erleben, dass jemand ihnen ungeschminkt die Wahrheit sagt. Und ich glaube, das ist diesen jungen Leuten mindestens ebenso wichtig wie tatsächlich zu gewinnen. Endlich mal die Wahrheit ins Gesicht gesagt bekommen. Endlich mal klare Worte. Alles besser als dieses ewige Wischiwaschi und alles halb so schlimm und alles irgendwie o.k.

Wenn das so ist, dann kann ich diese jungen Leute verstehen. Denn daran hapert es ja: an Menschen, die Autorität haben und ihre Überzeugung klipp und klar vertreten und anderen vielleicht auch einmal wehtun mit ihrer Ehrlichkeit. Gerade junge Menschen haben ja einen Anspruch darauf, die Wahrheit über sich und ihre Leistungen zu erfahren. Sie wollen nicht wie rohe Eier behandelt werden, sie wollen ehrliche Meinungen hören. Seinen Fehlern ins Gesicht blicken zu müssen, das tut im ersten Augenblick natürlich weh. Aber im zweiten Moment ist es sehr wohltuend, denn es bedeutet: Jetzt hat mich einer ernst genommen. Hier will mir einer wirklich helfen.

Nur – brauchen wir dazu wirklich Dieter Bohlen? Könnten das nicht auch die eigenen Eltern tun, statt immer wieder alle Augen zuzudrücken? Junge Leute wollen wissen, woran sie sind mit sich selbst. Wer das weiß, der braucht keinen weiteren Beweis für seine Einmaligkeit mehr. Und auch keinen Dieter Bohlen.

Wenn es schwerfällt, jemanden zu lieben

Das Aussehen ist heute ja so furchtbar wichtig. Und ich muss zugeben, dass Schönheit, körperliche Schönheit, auch auf mich Eindruck macht. Dicke Menschen haben es da schwer. Und die Frau, die mit mir zusammen in den USA auf einen Flug wartete, war wirklich dick.

Sie war sogar unglaublich dick. Sie erinnerte mich an früher, wenn meiner Mutter mal ein Kuchen missriet und der Teig weit über die Form hinausquoll. Diese Frau hatte es sich in der Sitzreihe des Flughafen-Warteraums halbwegs bequem gemacht. Neben ihr saß ihr Mann, auch nicht gerade schlank, aber doch längst nicht so dick wie sie. Einmal stand sie auf, bewegte sich schwerfällig durch die Halle, und ich muss gestehen, dass ich wegschaute.

Doch was ich dann sah, machte mir diese Frau auf einmal sympathisch. Sie saß, halb auf der Seite liegend, neben ihrem Mann. Der griff nach ihrer Hand, ihre Finger spielten miteinander, und beide strahlten sich an. Sie liebten sich, das war nicht zu übersehen. Und plötzlich mochte ich diese Frau. Mit einem Mal konnte ich sie mit den liebevollen Augen ihres Mannes sehen. Und ich freute mich mit ihr.

Nein, es kommt eben doch nicht auf das Aussehen oder den Leibesumfang an. Auch wenn uns immer wieder eingeredet werden soll, dass nur die Schönheit liebenswert sei. Nein, die Liebe macht uns liebenswert, die Liebe macht uns schön. Diese Frau wird es in ihrem Leben nicht leicht gehabt haben, doch offenbar hatte sie Liebe erfahren und Liebe zu verschenken. Ich sah sie jetzt mit anderen Augen – und musste an die Worte des heiligen Paulus denken: «Nun aber bleiben Glaube, Hoffnung, Liebe, diese drei; doch am größten unter ihnen ist die Liebe.» (1. Korinther 13,13) Paulus, der manchmal so kompliziert schreibt, legt hier ein ganz schlichtes, ein ganz persönliches Bekenntnis ab – und beweist damit, dass er die Botschaft seines Herrn Jesus Christus verstanden hat. Seit jener Begegnung auf dem amerikanischen Flughafen jedenfalls denke ich an diese beiden, an diese Frau und diesen Mann, wenn es mir wieder einmal schwerfällt, jemanden zu lieben, nur weil er mir hässlich vorkommt. Der liebevolle Blick auf die Menschen ist etwas Wertvolles und Wundervolles. Von Jesus können wir ihn lernen.

Wieso werde ich vom Glück verfolgt?

Wenn einer Glück hat, fragt er nicht: warum? Oder haben Sie sich nach der Geburt eines gesunden Kindes, nach einem hübschen Lottogewinn oder dem ersten Kuss je die Frage gestellt: Warum passiert das ausgerechnet mir? Aber wenn wir vom Pech verfolgt sind, beginnen wir uns zu fragen: warum? Womit habe ich das verdient? Und wissen uns vielleicht keine andere Erklärung als die: Gott will mich für irgendetwas bestrafen.

Es kann furchtbar bedrückend sein, dieses Gefühl, Schuld auf sich geladen zu haben und jetzt von Gott bestraft zu werden. Nur – wissen Sie, was ich glaube? Dass diese Erklärung nicht stimmt. Und dass Menschen, die sich ein Unglück so erklären, Gott schlecht kennen. Einer, der Gott ziemlich gut kannte, hält davon jedenfalls überhaupt nichts: Jesus. Und er redet Leuten, die das glauben, ihren Verdacht sofort aus. Da ist zum Beispiel am Schiloachteich in Jerusalem ein Turm eingestürzt und hat 18 Menschen unter sich begraben. Jesu Begleiter können sich dieses Unglück nur als gerechte Strafe erklären – die 18 Toten hätten eben besonders viel auf dem Kerbholz gehabt, meinen sie. «Unsinn», entgegnet Jesus. «Es hätte jeden von euch treffen können. Gott ist anders.» Und dann erzählt er ihnen ein Gleichnis (Lukas 13,1–9): Ein Mann hat einen Feigenbaum gepflanzt, aber mit dem Baum ist etwas faul – drei Jahre lang zeigt sich keine einzige Feige. «Hau ihn um», sagt der Besitzer zu seinem Gärtner. «Der laugt nur den Boden aus.» Doch der Gärtner sträubt sich. «Geben wir ihm noch eine Chance,» schlägt er vor. «Ich will ihn ein weiteres Jahr gut gießen und gut düngen, vielleicht wird ja doch noch was aus ihm ...»

Seht ihr, sagt Jesus, so ist Gott. Wie dieser Gärtner. Er verliert nicht die Geduld mit uns. Er ist barmherzig und gnädig. Und straft deshalb auch nicht. Tatsächlich kommt das Wort «strafen» im Originaltext des Neuen Testaments kein einziges Mal vor. Nein, noch bestraft Gott nicht. Und noch belohnt er auch nicht. Seine Gerechtigkeit werden wir erst nach unserem Tod erfahren. Warum uns Leid und Unheil dann trotzdem treffen? Ich bin einmal einem Mann begegnet, der hatte bei einem Unfall beide Beine verloren. «Seither bin ich ein glücklicher Mensch», sagte er mir. «Ich kann jetzt nämlich das Wesentliche vom Unwichtigen unterscheiden.» Und er lächelte dabei. Ja, vielleicht deshalb.

Nächstenliebe, ein Heilmittel gegen Depressionen

Ich freue mich immer, von Menschen zu hören, die ein Herz haben. Die sich an Jesu Gebot der Nächstenliebe halten, ob sie nun Christen sind oder nicht. Menschen, die einfach helfen, wo Not am Mann ist, und es nicht dem Staat überlassen, diese Welt wärmer und menschlicher zu machen. Nächstenliebe, das heißt doch: Selbst die Augen offenhalten und schauen, wo und wie man sich für Leute einsetzen kann, die arm dran sind.

Da sammeln zum Beispiel in vielen deutschen Städten Freiwillige bei Supermärkten und Bäckereien alles Mögliche ein, was sonst fortgeworfen würde: fleckige Bananen, überreife Birnen, leicht verwelkte Salatköpfe, Brot vom Vortag und Schokoladenhasen mit eingedrückter Nase. Angegammeltes Zeug, wie ein Kunde mit vollem Portemonnaie wohl sagen würde, nur noch gut für die Schweine oder die Müllkippe. Die Händler geben das gerne her. Und die freiwilligen Helfer nehmen es gerne an, weil sie wissen: Da ist die ehemalige Geschäftsfrau, die mit ihrer Modeboutique Pleite gemacht hat und jetzt auf einem Berg von Schulden sitzt. Da ist der Architekt, der seit dem Tod seiner Ehefrau auf der Straße lebt und seine Verzweiflung in Alkohol ertränkt. Und da ist der illegale Einwanderer aus Kasachstan, dessen bisschen Geld schon auf die Miete draufgeht. Diese Menschen, um die sich kein Staat kümmert, das sind ihre «Kunden». Die können kostenlos bei ihnen einkaufen. Die brauchen nicht mehr zu betteln oder zu hungern.

Über 20 000 ehrenamtliche Helfer engagieren sich in Deutschland mittlerweile für diese Armen. Ich finde das großartig. Auch deshalb, weil viele der Helfer einen neuen Lebenssinn gefunden haben. Denn wer hilft, der wird auch selbst reicher. Reicher an Liebe, reicher an Glück. So haben alle Beteiligten einen Grund zur Dankbarkeit – die einen, weil sie jetzt besser als vorher leben und obendrein wissen: Da gibt es Menschen, die an mich denken und sich für arme Hunde wie mich einsetzen. Und die anderen, weil sie eine Möglichkeit gefunden haben, Freude zu schenken. Glauben Sie mir, diese Dankbarkeit ist der beste Schutz vor Depressionen.

Nächstenliebe macht alle glücklicher. Und darum ist es auch Jesus gegangen. Nicht um irgendein moralisches Gebot, das schwer auf einem lastet und manchen überfordert. Sondern um ein beglückendes Geben und Nehmen untereinander. Lassen Sie sich heute von mir zu dieser Liebe ermutigen.

Eine Welt ohne Leid und Schmerz ist unbewohnbar

Ist Gott ungerecht? Oder taub? Hat er unser Vertrauen überhaupt verdient? Wo war denn Gott bei jedem Flugzeugabsturz, jeder Hungersnot, jedem Völkermord, jedem alltäglichen Unfall, durch den ein Mensch aus dem Leben gerissen wurde? Warum erhört er nicht alle unsere Bitten? Das fragte mich eine Leserin in ihrem Brief. Und ich gestehe, ich habe keine fertige Antwort darauf.

Es ist eine der ältesten und quälendsten Fragen der Menschheit: Die Liebe Gottes und die Not eines Menschen, der von einem Schicksalsschlag getroffen wird – wie verträgt sich das? Müsste Gott nicht sofort einschreiten? Oder wenigstens das Schlimmste verhüten? Aber vielleicht wäre selbst das Schlimmste zu ertragen, wenn man wüsste, warum es geschah. Welchen Sinn es gehabt haben könnte. «Wenn ich nach meinem Tod vor Gott stehen werde», sagte eine verzweifelte Mutter, die bei einem Zugunglück zwei Kinder verloren hatte, «dann werde ich ihn zur Rede stellen und eine Erklärung von ihm verlangen.» Warum also? Warum lässt Gott das Leiden zu?

Ich will eine Antwort versuchen. Ich glaube, dass eine Welt ohne Leid, ohne Schmerz, ohne Not unbewohnbar wäre. Nicht auszuhalten. Weshalb? Weil sie eine Welt ohne Mitleid und Erbarmen wäre. Eine Welt, bevölkert von gnadenlosen Egoisten und brutalen Siegertypen. Denn in dieser Welt wären Mitleid, Rücksicht und Freundlichkeit überflüssig. Nur weil wir täglich unsere Verletzlichkeit erleben, lernen wir, dass wir aufeinander angewiesen sind. Was uns zu mitfühlenden Menschen macht, das ist das Leid, das wir lindern können. Das sind die Notleidenden, denen wir ihr Schicksal erleichtern können. Das ist das Leid, das wir am eigenen Leib erfahren müssen. So paradox es klingt: Nur durch der Begegnung mit dem Leid können wir die wunderbaren Eigenschaften entwickeln, die uns und unsere Welt menschlich machen.

Was hat Jesus eigentlich dazu gesagt? Gar nichts. Er hat gehandelt. Er hat sein eigenes Leid schweigend auf sich genommen und der Not anderer Menschen abgeholfen, wo er nur konnte. Sein Grundsatz lautete: «Kommt her zu mir alle, die ihr mühselig und beladen seid; ich will euch erquicken.» (Matthäus 11,28) Die Mühseligen und Beladenen wären besser dran, wenn wir es alle so machen würden.

Es hat einen gegeben, der für Friedfertigkeit gestorben ist

Warum ging Jesus eigentlich sehenden Auges in den Tod? Auch er war ja ein Mensch, der vor Leiden und Tod zurückschreckte. Und er muss gewusst haben, was ihm bevorstand – schließlich wird er in seinen 36 Lebensjahren schon manchen am Kreuz sterben gesehen haben. Trotzdem unternahm er nichts, um seine Haut zu retten. Warum? Vielleicht, weil er gemerkt hatte: Worte und Wunder reichen nicht aus, wenn ich die Menschen von meiner Botschaft überzeugen will. Überzeugen lassen sie sich erst, wenn ich mit meinem Leben dafür einstehe. Ich muss ihnen mit letzter Konsequenz vor Augen führen, dass ich es ernst meine, wenn ich sage: Mord und Totschlag, Hass und Gewalt hören erst dann auf, wenn jeder seine Mitmenschen so liebt, wie Gott die Menschen liebt.

Was hatte er nicht alles an Missverständnissen erlebt! Da hatte er gesagt: «Selig sind die Friedfertigen» – und die Leute hatten geglaubt, er wäre der große Freiheitskämpfer. Da hatte er seine Zuhörer aufgerufen, ihre Feinde zu lieben – und selbst seine engsten Freunde hatten gehofft, er würde mit ihnen die Römer aus dem Land jagen. Da hatte er Kranke geheilt und sogar Tote auferweckt – und die Politiker seines Volkes hatten ihn für einen gefährlichen Unruhestifter gehalten. Als hätte er das mit der Gewaltlosigkeit und der Feindesliebe nur so dahingesagt. Was sollte er machen? Resignieren und sich irgendwo verstecken, bis der Wirbel vergessen wäre? Oder mit seinem eigenen Leben für die Wahrheit seiner Botschaft einstehen?

Wir wissen, wie sich Jesus entschied. Alle haben damals damit gerechnet, dass er sich bei seiner Verhaftung wehrt. Alle haben damit gerechnet, dass er sich vor Gericht verteidigt, um sein Leben zu retten. Alle haben damit gerechnet, dass er seinen Glauben an die erlösende Kraft der Nächstenliebe verrät, wenn's um seinen eigenen Kopf geht. Aber er hat sie alle eines Besseren belehrt. Jetzt war kein Missverständnis mehr möglich: Er hatte das mit der Gewaltlosigkeit und der Feindesliebe wirklich ernst gemeint. Und mit seinem Tod belehrt uns Jesus immer noch und immer wieder eines Besseren, bis auf den heutigen Tag. Jedes Kreuz, jedes Kruzifix erinnert uns daran: Es hat einen gegeben, der ist dafür gestorben, dass wir die Botschaft seines Vaters im Himmel begreifen. Die Botschaft vom Sieg der Friedfertigkeit über die Gewalt.

Essen heißt nicht, sich den Magen vollschlagen

Lassen Sie uns einmal übers Essen reden. Über die Mahlzeiten. Bei uns hier im Kloster Sant'Anselmo werden sie an langen Tischen im Speisesaal eingenommen. Der fasst 120 Menschen, und das muss er auch, denn bei uns leben und studieren viele junge Benediktinermönche aus aller Welt. Manche Mahlzeiten werden schweigend eingenommen, bei anderen herrscht lautes Stimmengewirr, aber in jedem Fall beginnen wir mit einem Gebet. Da steht dann jeder vor seinem Platz, und alle singen das Dankgebet. Und genauso, mit einem gemeinsamen Gebet, beenden wir auch die Mahlzeit. Danach trägt jeder sein Geschirr ab.

Kürzlich hatten wir vier Jugendliche aus Deutschland zu Gast, sympathische, junge Kerle. Einer davon fiel mir gleich zu Anfang auf: Er hing über dem Tisch, wippte fortwährend mit dem Fuß und trommelte mit den Fingern wie ein Klavierspieler auf die Tischplatte, bis die Vorspeise kam. Vornübergebeugt schaufelte er sie dann in sich hinein. Die anderen drei gaben ein etwas erfreulicheres Bild ab, aßen aber genauso nachlässig, als wäre Essen eine furchtbar lästige Pflicht. Als wir zum Schlussgebet aufstanden, wollte einer gleich hinausstürzen. Natürlich half auch keiner beim Abräumen.

Mir taten diese jungen Leute leid. Ich fragte mich, ob sie je mit anderen gemeinsam an einem Tisch gesessen hatten. Oder ob bei ihnen zu Hause die Regel galt: Das Essen steht im Kühlschrank, und jeder kann essen, wann er will. Jedenfalls hatten sie offenbar noch nie etwas von Esskultur gehört, und dass man bei Tisch auf andere Rücksicht nimmt, in Stil und Form. Wie anders hier in Italien, wo Mahlzeiten ein großes Familienereignis sind, wo man schon an den Gesichtern die Dankbarkeit für ein gutes Essen ablesen kann. Und nicht nur in Italien. Überall auf der Welt bedeutet Essen mehr, als sich den Magen vollzustopfen. Es ist immer ein Gemeinschaftserlebnis.

Nach diesem Erlebnis mit den jungen Leuten habe ich mich gefragt: Ist es wirklich nicht mehr zeitgemäß, Kindern den Genuss an einer gemeinsamen Mahlzeit zu vermitteln? Und mit dem Genuss auch den Respekt, die Ehrfurcht vor den guten Gaben Gottes, die ihnen da serviert werden? Gehen Sie mit gutem Beispiel voran. Gönnen Sie sich und Ihrer Familie die gemeinsame Mahlzeit, wenigstens an Sonn- und Feiertagen. Wir verlernen sonst, dass jedes Essen ein Grund zur Freude und Dankbarkeit ist.

An offenen Gesprächen führt kein Weg vorbei

Am liebsten würden wir ja mit allen in Frieden leben, aber ... Ja, da ist zum Beispiel der Freund, der den 50. Geburtstag einer guten Freundin aus alten Tagen vergessen hat. Schön, er war verreist, aber er hätte wenigstens anrufen und gratulieren können. Hat er aber nicht. Er meldet sich erst, als er von seiner Reise zurück ist. Aber da hat sich längst so viel Wut in der Freundin aufgestaut, dass sie ihn nicht mehr sehen will. Sie fühlt sich zurückgesetzt, gedemütigt und kommt nicht drüber hinweg. Und ihr Freund versteht die Welt nicht mehr. Er hat doch gar keine böse Absicht gehabt. Seither leben die beiden jedenfalls nicht mehr im Frieden miteinander. Seither gehen sie sich aus dem Weg. Was nun?

Eigentlich ganz einfach. Jedes Vaterunser, das wir beten, erinnert uns ja daran, dass wir durch Versöhnlichkeit unseren Teil zum Frieden auf der Welt beitragen müssen. «Vergib uns unsere Schuld, wie auch wir vergeben unseren Schuldigern», heißt es da. Nun gut, vergeben sollen wir also. Nicht nachtragend sein. Doch das ist leichter gesagt als getan. Da müssen vorher klärende Worte gesprochen werden. Und als sich der Freund und die Freundin endlich wieder gegenübersitzen, knistert es im Raum. Er versteht die Welt immer noch nicht. Und sie kommt immer noch nicht drüber hinweg. Schon sein Gesichtsausdruck lässt ihre alte Wut wieder hochkochen. «Allein, wie du mich anschaust», sagt sie. «Dieses arrogante Grinsen.» Und dann: «Andere waren dir schon immer wichtiger als ich. Was bedeute ich dir überhaupt?» Und schließlich kommt es heraus: «Du bist genau wie mein Vater. Der wollte auch nichts von mir wissen.» Da versteht der Freund. Mit seiner Gedankenlosigkeit hat er eine alte Wunde aufgerissen. Jetzt weiß er, was er angerichtet hat, jetzt kann er ehrlich um Verzeihung bitten. Und sie kann ihm verzeihen, weil sie plötzlich begreift: Ich habe viel zu heftig reagiert.

Unseren Schuldigern vergeben? Ja, schon richtig. Aber das heißt nicht, so zu tun, als wäre nichts gewesen. Ein einfaches «Schwamm drüber» reicht nicht. Egal, wie sehr die Verletzung schmerzt, an einem offenen Gespräch führt kein Weg vorbei. Sonst kommt eine offene Wunde zur nächsten. Und mit offenen Wunden kann man nicht leben. Schon gar nicht im Frieden miteinander.

> *Kinder brauchen vor allem eins: Mütter und Väter*

In diesen Tagen gibt es ein heißes politisches Eisen: den Plan der Ministerin von der Leyen, die Zahl der Kinderkrippen deutlich zu erhöhen. Also Einrichtungen zu schaffen, denen man seine Kinder acht oder vielleicht auch schon fünf Monate nach der Geburt überlassen kann, damit die Mütter möglichst bald wieder arbeiten können. Ich muss gestehen, mir ist dabei nicht ganz wohl. Und ich will Ihnen sagen, weshalb.

Ich glaube, wir sind uns einig, dass Kinder ihre Mütter mehr als alles andere brauchen. Gerade in den ersten drei Lebensjahren. Bei ihrer Mutter – mehr noch als bei ihrem Vater – lernen Kinder, was ein Zuhause ist, nämlich ein behüteter Ort, an dem sie sich bedingungslos geliebt fühlen dürfen. Sie lernen im Umgang mit der Mutter, dass Vertrauen sich lohnt, weil es durch die Liebe und Güte der Mutter belohnt wird. Sie lernen, sich auf eine kleine, überschaubare Gruppe von Menschen einzustellen, nämlich die eigene Familie. Sie lernen, dass sie immer auch an andere denken müssen, weil ihr eigenes Glück vom Glück der anderen Familienmitglieder abhängt. Sie lernen, kurz gesagt, zu einem gar nicht so einfachen, gar nicht so ungefährlichen Ding wie dem Leben Vertrauen zu fassen. Und dieses Vertrauen werden sie später dringend brauchen.

Ein Kind, das noch vor dem ersten Lebensjahr in eine Kinderkrippe kommt, lernt all dies nicht. Es wird vielleicht gut betreut. Aber wird es auch die seelische Kraft entwickeln, die es fürs spätere Leben braucht, wenn es eine Wochenend- und Ferienbeziehung zu den wichtigsten Menschen in seinem Leben unterhält? Ich bezweifele das. Deshalb meine ich, dass eine Kinderkrippe nur eine Notlösung sein kann. Und deshalb finde ich, dass wir auch über andere Lösungen nachdenken sollten. Warum zum Beispiel nicht das Geld, das ein Krippenplatz kostet, direkt an die Eltern auszuzahlen? Aus Umfragen weiß ich, dass viele Frauen dann bereit wären, für zwei bis drei Jahre aus der Berufsarbeit auszusteigen und sich ganz ihrem Kind zu widmen. Und warum nicht bei den Arbeitgebern drauf drängen, die Möglichkeit zu schaffen, nach einer solchen Auszeit wieder in die alte Firma zurückzukehren? Wenn Sie finden, dass unsre Gesellschaft mütter- und kinderfreundlicher werden sollte, bin ich ganz Ihrer Meinung. Aber das wird sie nur, wenn nicht Arbeit und Geldverdienen den höchsten Wert für uns darstellen. Sondern das Leben.

Wir sind für ein himmlisches Glück bestimmt

Kurz vor seinem Tod 2005 besuchte ich Frère Roger Schutz auf einer Reise durch Burgund. Sie erinnern sich an ihn, den Gründer von Taizé, der so vielen Jugendlichen auf neue Art den Weg zu Gott gezeigt hat. Nach dem Gottesdienst saß er – wegen seines hohen Alters – auf einer Treppenstufe an eine Säule gelehnt und spendete den jungen Leuten einzeln den Segen. Hinterher ging ich zu ihm. Er freute sich sehr, den Abtprimas der Benediktiner zu sehen, und wir sprachen über die Herrlichkeit der Auferstehung. Er strahlte dabei. Im Jahr darauf wurde er ermordet.

An dieses Gespräch musste ich denken, als ich unlängst mit der S-Bahn durch München fuhr und die Menschen um mich her sah, darunter viele Jugendlichen mit Schlabberjeans und Strickmützen. Wissen sie überhaupt noch, was Himmelfahrt bedeutet?, fragte ich mich. Haben sie noch eine Ahnung davon, dass sie zu einem Leben in unendlichem Glück bestimmt sind, in jenem Himmel, der auch Jesus Christus aufgenommen hat? Wahrscheinlich nicht. Am selben Tag verwechselte der Sprecher im Rundfunk Christi Himmelfahrt mit Mariä Himmelfahrt. Und der junge Mann, der vor dem Bahnhof in sein Cabrio stieg, dürfte bei seinem Blick in den wolkenlosen bayerischen Himmel wohl auch keinen Gedanken darauf verschwendet haben, welche Hoffnung sich für uns Christen mit dem Himmel verbindet.

All diese Menschen werden in der Sorge um ihre Familien und ihr berufliches Fortkommen einen Lebenssinn erfahren. Aber ich glaube, dass sie alle auch mit der Botschaft dieses Tages etwas anfangen könnten: So, wie der gekreuzigte und auferstandene Jesus Christus in den Himmel aufgenommen wurde, so werden auch wir nach unserem Tod in der göttlichen Wirklichkeit weiterleben – mit Leib und Seele. Das ist natürlich nur ein Bild, denn bei der Beschreibung der göttlichen Wirklichkeit versagen unsere Worte. Aber dieses Bild steht für die großartige Hoffnung, dass sich alles, was wir in unserem Leben durchgemacht haben, bei Gott in Glück verwandeln wird. Unvorstellbar? Allerdings. Vorstellen kann ich mir das auch nicht. Aber ich vertraue der Verheißung, die sich mit diesem Feiertag verbindet und die Frère Roger Schutz bei unserer letzten Begegnung zum Strahlen gebracht hat. Und ich glaube, dass selbst das schönste Leben durch diese Hoffnung noch reicher und schöner wird.

Der Geist Gottes – ein demokratischer Geist

Ich befürchte, Pfingsten gehört zu jenen christlichen Festen, die uns rätselhaft geworden sind. Andere Feste sind leichter zu verstehen – Weihnachten, die Geburt Jesu, oder Ostern, seine Auferstehung. Aber selbst dann, wenn Sie sich an die Pfingstgeschichte erinnern, verbinden Sie dieses Ereignis wahrscheinlich nur mit einem großen Durcheinander: Da sind die Jünger und Anhänger Jesu irgendwo versammelt, und plötzlich braust es wie bei einem Unwetter, Flammenzungen erscheinen, und alle reden durcheinander. Was ist geschehen?

«Ihr werdet die Kraft des Heiligen Geistes empfangen», hatte Jesus seinen Jüngern versprochen. Und diese Kraft kam tatsächlich. Sie fuhr in die Jünger und erfüllte sie mit Freude. Das Brausen und die Feuerflammen zeigen an, dass diese Kraft mit der Gewalt eines Naturereignisses über sie kam. Aber es war kein Naturereignis. Es war der Geist der Liebe und Furchtlosigkeit, der auch Jesus beseelt hatte, der Geist Gottes. Was feiern wir Pfingsten also? Ich würde sagen: dass Gott seinen Geist jedem schenkt, der an Jesus glaubt. Dass man, mit anderen Worten, kein Heiliger und kein Prophet und kein Papst zu sein braucht, um diesen Geist der Liebe und der Furchtlosigkeit zu besitzen. Der Geist Gottes ist, so gesehen, ein sehr demokratischer Geist. Er macht keine Unterschiede. Er ist Gottes Geschenk für alle.

Und dieser Geist ist, glaube ich, auch gar nicht so mysteriös. Die Kirchenväter bezeichnen ihn mit einem sehr schönen Wort. Sie nennen ihn den Tröster. Das heißt: Wo dieser Geist wirkt, da schöpfen Hoffnungslose neuen Lebensmut, und auch die schlimmsten Pessimisten können sich auf einmal eine bessere, liebevollere Welt vorstellen. Ich weiß, dass mittlerweile viele Menschen stolz darauf sind, diesen Gott mit seinem Geist der Liebe nicht mehr zu brauchen. Sie sehen in Christen nur Schwächlinge, die sich ihren Trost aus dem Himmel herbeiphantasieren müssen, weil sie das Leben ohne Hilfe von oben nicht packen. Aber wenn ich mir anschaue, wie Depressionen und Angsterkrankungen heute um sich greifen, wie viele Menschen sich überfordert fühlen und ihre Zuflucht zu Drogen nehmen, dann denke ich mir: Wir könnten die Kraft des Heiligen Geistes eigentlich doch ganz gut gebrauchen. Pfingsten ist schon ein Anlass zur Freude. Lassen Sie uns dieses Fest deshalb so verstehen: als ein Tag der Hoffnung für alle.

> *Warum sollte man etwas Besseres sein wollen?*

Sie ahnen gar nicht, was für merkwürdige Briefe und Anrufe ich bekomme. Da meldet sich zum Beispiel eine Frau aus Bayern bei mir in Rom am Telefon und sagt, ihr Mann liege im Sterben – ob ich nicht den Heiligen Vater überreden könnte, ihm schnell noch einen Brief zu schreiben, bevor er tot ist? Andere bitten mich, beim Papst eine Audienz für sie zu erwirken. Oder ihnen wenigstens ein Autogramm von ihm zu besorgen. Oder – noch verrückter – ihnen einen Zugang zu den Vatikanischen Museen zu verschaffen, ohne dass sie in den langen Schlangen vor der Kasse warten müssen. Kurzum, sie alle wollen an etwas herankommen, wovon selbst Prominente träumen, und ich soll ihnen dabei helfen.

Dass ich nicht lache, kann ich da nur sagen. Der Papst hat nun wirklich anderes zu tun, als solche Sonderwünsche zu erfüllen – und ich selbst im Übrigen auch. Und davon abgesehen: Wir sind doch alle so für die Gleichheit. Alle sollen die gleichen Rechte haben, alle gleich behandelt werden, alle die gleichen Chancen bekommen. Alle – außer uns selbst? Kann es sein, dass viele von uns lautstark Gleichheit fordern und heimlich davon träumen, eine Ausnahme zu sein? Dass sie sich wünschen, doch ein bisschen bevorzugt zu werden? Wissen Sie, auch ich muss vor den Vatikanischen Museen anstehen. Ich fände es ausgesprochen ungerecht, wenn ich nicht anstehen müsste, nur weil ich der Abtprimas bin. Und ich stehe sogar gern an, weil ich da nämlich oft Gelegenheit zu Gesprächen finde, zu denen ich sonst nie Zeit hätte. Ich halte eben gern ein Schwätzchen. Mein Privileg ist höchstens, in einer so großartigen Stadt mit so herrlichen Museen leben zu dürfen.

Jesus hat mit seinen Jünger übrigens etwas Ähnliches erlebt. Eines Tages stritten die sich nämlich darum, wer von ihnen der Größte sei. Und wie hat Jesus reagiert? Er hat sich hingesetzt und gesagt: «Also, wenn ihr euch unbedingt gegenseitig übertreffen wollt, dann bitte in Demut und Hilfsbereitschaft. Und fangt gleich mal damit an, indem ihr zu diesem Kind hier so freundlich seid, als wäre ich dieses Kind.» (Markus 9,33–37) All meinen Briefschreibern und Anrufern würde ich gern genauso antworten: Warum wollt ihr partout etwas Besseres sein? Warum nicht lieber Schwestern unter Schwestern und Brüder unter Brüdern? Ist das nicht viel schöner, ist das nicht sogar unser Traum?

Lebensfreude ist die beste Diät

Jetzt soll's also den Dicken an den Kragen gehen. Unsere Gesundheitsministerin will sie reduzieren, um 20 Prozent. Und wir dürfen demnächst einem Dicken dieselben strafenden Blicke zuwerfen, die heute schon die Raucher ernten. Ehrlich gesagt, ich habe so etwas befürchtet. Unsere Politiker wollen ihr Volk halt perfekt haben, ohne Schwächen, ohne Laster, gesund, glücklich und schlank. Und da wir selbst zu schwach sind, um allein auf uns aufzupassen, muss die Politik eben nachhelfen. Erst mit teuren Hochglanzbroschüren, zur Aufklärung, und dann vielleicht mit härteren Maßnahmen. Einer Sondersteuer für Dicke zum Beispiel?

Mir fällt dazu einer unserer amerikanischen Äbte ein. Der dachte auch: Man muss die Leute zu ihrem Glück zwingen. Er teilte seine Mönche in drei Gruppen ein, die Schlanken, die Übergewichtigen und die ganz Dicken, und wer zu viele Kilo hatte, der wurde vor die Wahl gestellt: entweder freiwillig abnehmen – oder ab zum Psychiater. Die Dicken in seinem Kloster sind dadurch nicht weniger geworden. Aber der Abt ist noch im selben Jahr zurückgetreten.

So einfach ist es eben nicht. Gerade im Kloster erlebe ich das: Der eine isst nichts als einen Teller Salat – und hat schon wieder zugenommen. Und sein Nebenmann futtert vier üppig belegte Butterbrote – und bleibt spindeldürr. Sollen die Dicken noch weniger essen und mit knurrendem Magen herumlaufen? Sollen sie eine Diät nach der anderen machen und zwischendurch immer wieder darüber verzweifeln, dass sie ihr Gewicht doch nicht halten können?

Gesünder essen, mehr Bewegung – das ist natürlich das Klügste. Aber Abnehmen darf nicht in Quälerei ausarten. Und was die dicken Kinder angeht: Warum stopfen sie denn Schokoriegel oder Hamburger in sich hinein? Gewiss nicht, um ihren Hunger zu stillen. Sondern um sich wie die Kids im Werbespot zu fühlen, um dazuzugehören. Und vielleicht auch, weil sie etwas ganz anderes vermissen: Aufmerksamkeit. Verständnis für ihre kleinen und größeren Sorgen. Und dass sich ihre Eltern Zeit für sie nehmen. Essen wird so leicht zum Ersatz für Liebe! Und dagegen ist auch eine Gesundheitsministerin machtlos. Das geht sie auch gar nichts an. Das geht uns etwas an, Sie und mich und alle, die dem Leben etwas Besseres abgewinnen können als das Gefühl, pappsatt zu sein. Ich bin mir jedenfalls sicher: Lebensfreude ist die beste Diät.

Kann man der Doping-Versuchung widerstehen?

Da haben sie also gedopt, die Radrennprofis der Telekom. Haben zu unerlaubten Tricks gegriffen. Haben mehr bringen wollen, als ihr Körper hergab, und mehr kassieren wollen, als sonst wohl für sie abgefallen wäre. Betrug? Mal Hand aufs Herz: Wenn Ihnen Zigtausende von Euro geboten würden, würden Sie dann nicht in Versuchung geraten und die «kleinen Bedingungen» eben erfüllen? Es sind ja gigantische Summen im Spiel – allein 15 Millionen lässt sich die Telekom ihr Sponsoring des Radsports jährlich kosten.

Apropos Spiel. Erinnern Sie sich noch an die Zeit, als Sport und Spiel in einem Atemzug genannt wurden? An die Fernsehsendung *Sport, Spiel, Spannung* in den Sechzigerjahren zum Beispiel? Lange her. Wer würde heute noch an Spiel denken, wenn von Sport die Rede ist? Und jetzt interessiert mich der Fall dieser Radrennprofis plötzlich. Jetzt wird mir nämlich klar, wie furchtbar ernst seither vieles geworden ist, nicht nur der Sport, sogar das Spiel, und das Leben sowieso. Wenn ich mir die Gesichter unserer jungen Leute ansehe, denke ich: So ernst war das Leben noch nie. Und vielleicht haben sie ja recht. Wenn der Sieg bei einem Radrennen zum Beispiel nicht eine bitterernste Angelegenheit wäre, warum sollte man dann seine Gesundheit und seinen guten Ruf und das Ansehen einer ganzen Sportart ruinieren?

Ja, wenn die Menschen den Erfolg nicht ganz so ernst

nehmen würden ... Wenn sie nicht ihre Kinder schon auf Erfolg trimmen würden. Wenn wir nicht alle unter diesem Erfolgsdruck ständen. Und wenn nicht alles ständig in Konkurrenz ausarten würde, in eine Schönheitskonkurrenz, in eine Konkurrenz um Statussymbole, in einen Wettbewerb um das intelligenteste Kind ... Dann, ja dann könnte man auch mal etwas einfach nur zum Vergnügen tun. Zum Beispiel Radrennen fahren, einfach nur so zum Vergnügen. Undenkbar? Richtig. Es geht eben nicht ums Vergnügen. Es geht um unendlich viel Geld und einen unmenschlichen Erfolgszwang. Und deshalb hätte es unsere Radrennprofis auch übermenschliche Kräfte gekostet, der Doping-Versuchung zu widerstehen. Als man Jesus eine Frau vorführte, die beim Ehebruch ertappt worden war, brachte er ihre Ankläger mit einem einzigen Satz zum Schweigen: «Wer unter euch ohne Sünde ist, der werfe den ersten Stein auf sie.» (Joh. 8,7) Ich fürchte, aus dem gleichen Grund müssen auch wir uns zweimal überlegen, ob wir die Dopingsünder verurteilen sollen.

Kinder müssen ihre eigenen Wege gehen

Sie war eine wunderbare Frau. Eine einfache, alte Italienerin, schon leicht gebeugt und immer schwarz gekleidet. Sie hatte einen Sohn, der war Journalist in der nächsten Großstadt und führte ein Leben, das sie sich nicht vorstellen konnte. Ein wildes Leben, das vermutete sie wohl, und wahrscheinlich kein gottgefälliges Leben. Sie machte sich trotzdem keine Sorgen um ihn. Sie machte ihm auch keine Vorwürfe. Sie machte aber auch sich selbst keine Vorwürfe. Sie liebte ihren Sohn, sie ließ ihn ohne Ermahnungen wieder ziehen, wenn er mal auf Besuch daheim gewesen war, und dann betete sie für ihn und war sicher, dass es in Gottes Macht stand, ihn wieder auf den rechten Weg zu bringen. Nein, sie machte sich keine Sorgen.

Sie war ein Vorbild im Glauben. Solche Menschen trifft man nicht mehr oft. Immer wieder verzweifeln Eltern über ihre Kinder. Vor allem ältere Leute kommen zu mir und beteuern, doch alles getan zu haben, um aus ihren Kindern gute Menschen und gute Christen zu machen – und trotzdem wollen sie jetzt von der Kirche nichts mehr wissen, lassen nicht einmal ihre Kinder taufen, heiraten vielleicht nicht einmal oder lassen sich nach wenigen Jahren schon wieder scheiden. Und jetzt leiden die alten Eltern Gewissensqualen. Jetzt fragen sie sich, was sie falsch gemacht haben, und glauben, sich vor Gott für ihre Kinder verantworten zu müssen. Was sollen wir machen?, fragen sie mich.

Ja, denke ich, vielleicht haben sie ihre Kinder früher zu

stark bedrängt, das erzeugt Widerwillen. Aber jetzt spielt das keine Rolle mehr. Eure Kinder sind alt genug, sage ich diesen Eltern, um für sich selbst zu entscheiden. Ihr seid jetzt nicht mehr für sie verantwortlich. Sicher, ihr dürft eure Kinder fragen, warum sie so handeln, aber bitte ohne einen Vorwurf in der Stimme. Vielleicht kommt es dann zu einem ehrlichen Gespräch. Und wenn nicht? Dann betet für eure Kinder. Lasst euch vom Gottvertrauen der Bibel anstecken. Die ganze Bibel spricht ja von Hoffnung, Vertrauen, Zuversicht, Lebensmut und dem Glauben an einen Gott, der uns nicht aufgibt. Betet – und macht es im Übrigen wie diese alte italienische Mutter: Habt ein offenes Ohr für ihre Freuden und Nöte, habt Verständnis dafür, dass eure Kinder eigene Wege gehen, und seid guten Mutes, dass Gott sie nicht fallenlässt. Mehr könnt ihr für eure Kinder nicht tun. Und mehr ist auch gar nicht möglich.

Die letzten Tabus — wenn ein Menschenleben nur noch eine Eintrittskarte wert ist

Sie haben es gehört, und auch zu mir nach Rom ist es gedrungen: Drei Schwerkranke sollen im Fernsehen um eine Spenderniere kämpfen, die ihr Leben retten kann – der neueste Einfall der holländischen Fernsehproduktionsfirma Endemol. Was ich davon halte? Ein derartiges Spektakel ist nicht nur geschmacklos, es ist menschenunwürdig. Damit ist eigentlich alles gesagt. Aber sehen wir uns die Sache noch einmal näher an.

Endemol ist eine Firma, die ihr Geld damit verdient, Tabus zu brechen. Offenbar kann man das, sein Geld damit verdienen. Die Privatsphäre haben die Endemol-Leute mit *Big Brother* schon erfolgreich demontiert, jetzt wird die Todesfurcht schwerkranker Menschen ausgeschlachtet. Was kommt als Nächstes? Eine echte Menschenjagd vielleicht. Natürlich für einen guten Zweck. Endemol könnte eine Kopfprämie aussetzen, und die würde sich der Todesschütze dann mit einer wohltätigen Organisation teilen. Oder man könnte ... Aber lassen wir das. Der perversen Phantasie sind jedenfalls keine Grenzen gesetzt.

Und wie hat man sich die Nieren-Show jetzt vorzustellen? Der schönste Kranke gewinnt? Oder der, der trotz Todesangst im Nacken die flottesten Sprüche macht? Oder der, der am verzweifeltsten wirkt? Das Publikum darf ja auch mitmachen, darf ganz demokratisch darüber mitbestimmen, wer weiterleben darf. Wissen Sie, was mir dazu einfällt? Die Gladiatorenkämpfe im alten Rom. Das Massenspektakel um Leben und Tod. «Todgeweihte» wurden die Gladiatoren genannt, Todgeweihte sollen nun nach dem Willen von Endemol auch im Fernsehen gegeneinander antreten. Und dann wird abgestimmt. Daumen hoch – ich bekomme die Niere! Daumen runter – aus der Traum! Sind wir jetzt also da gelandet? Im alten Rom? In einer Zeit, als ein Menschenleben nicht mehr als eine Eintrittskarte wert war?

Ich kann mir vorstellen, dass Sie diese Show-Idee genauso abstoßend finden wie ich. Und diejenigen, die anderer Meinung sind, möchte ich daran erinnern, worauf die Menschenwürde beruht. Sie beruht darauf, dass wir als Gottes Geschöpfe auch Gottes Ebenbild sind und deshalb unantastbar. Kein anderer darf über unser Leben verfügen, keiner darf uns zu einer Jahrmarkts-Attraktion erniedrigen. Und deshalb sollten wir nicht schweigen, wenn Endemol auch noch die letzten Tabus brechen will.

Ist Gott nur etwas für Schwächlinge?

Ist der Glaube an Gott nur etwas für Schwächlinge? Ist er nur eine gnädige Illusion für Leute, die sich überfordert fühlen, die eigentlich nicht recht lebenstauglich sind? So etwas hört man immer wieder. Dann wärst du also ein Schwächling?, frage ich mich in solchen Augenblicken. Einer, der nicht genug Mumm in den Knochen hat, um das Leben mutig und ohne Hilfe von oben anzupacken?

Dieselben Leute sind oft stolz darauf, ohne Gott gut zurechtzukommen. Für sie ist Gottlosigkeit ein Zeichen persönlicher Stärke. Sie rühmen sich, auch in kritischen Situationen, bei einer schweren Krankheit etwa, nicht schwach geworden zu sein und weiterhin an ihrem Unglauben festgehalten zu haben. Sie wollen auf keinen Fall vor Gott kapitulieren. Manchmal muss ich lächeln und denke: So, wie es früher darum ging, nicht im Glauben wankend zu werden, so geht es diesen Menschen heute darum, nicht im Unglauben wankend zu werden. Nun, ich respektiere Leute, die Christen wie mich für Schwächlinge halten. Aber ich glaube, sie haben unrecht.

Warum soll eigentlich jemand, der sich stark fühlt, nicht trotzdem auf Gott vertrauen? Würde der Starke nicht durch Gottvertrauen noch stärker? Ich meine, wenn der Glaube die Schwachen stärkt, warum soll er dann nicht auch den Starken noch mehr Kraft geben? Was könnten sie dagegen haben? Und dann: Sind die Starken denn immer stark? Brauchen sie niemals Hilfe oder Trost? So stark, dass er alle Situationen meistert, dass er jedem Schicksal gewachsen ist, ist doch wohl keiner von uns. Wir sind nicht allmächtig. Wir sind zerbrechliche Wesen, alle. Und alle von Zeit zu Zeit dankbar für Trost und neue Kraft. Also, bei mir zieht dieses Argument nicht, dass Gott nur etwas für Schwächlinge sei.

Vielleicht ist es ja so, dass die, die sich ohne Gott stark genug fühlen, ihre Bedürftigkeit und Hilflosigkeit nicht gern zugeben. Mit dem Eingeständnis, Gott zu brauchen, wäre ja ein Eingeständnis der eigenen Schwäche verbunden, und vielleicht geht ihnen ihre Unabhängigkeit und ihr Siegerimage über alles. Aber – ist es nicht in Wirklichkeit ein Zeichen von Stärke, zuzugeben, dass man andere braucht? Ist es nicht eigentlich viel mutiger, seine Trostbedürftigkeit offen zuzugeben? Und gehört in unserer Zeit nicht viel mehr dazu, sich zu seinem Glauben zu bekennen, als den Glauben anderer zu belächeln?

Durch das eigene Vorbild entwaffnen

Immer größere Moscheen sollen in Deutschland gebaut werden, in München, in Köln, in Berlin, und die Gemüter erhitzen sich. Die einen sind dafür, sie sagen: Wir haben doch Religionsfreiheit. Wir dürfen den Islam nicht als Religion zweiter Klasse behandeln. Die anderen sind dagegen und sagen: Der Islam bedroht unsere Freiheit, er kennt keine Toleranz, er ist gewalttätig. Wer hat recht?

Beide und keiner, finde ich. Ja, es stimmt: Niemand darf von unserer Freiheit ausgeschlossen werden. Jeder, der nach Deutschland kommt, soll erfahren, wie beglückend es ist, in Freiheit zu leben. Es stimmt aber auch: Der Islam ist heute der Nährboden für brutale Gewalt. Die Angst, dass sich in den Kreisen fanatischer Islamisten etwas zusammenbraut, ist berechtigt, und nicht alle Muslime können sich mit unseren Werten anfreunden. Alles richtig – nur viel zu einfach! Sehen wir uns die Sache näher an. Sind Sie schon einmal durch Syrien gereist? Dann wissen Sie, dass Muslime und Christen dort friedlich und gleichberechtigt zusammenleben. Überhaupt kein Problem. Der Islam ist dort eine tolerante Religion. Und wie steht es bei uns, in unserer Nachbarschaft? Dasselbe freundliche Nebeneinander und Miteinander, fast überall! Christen und Muslime kommen vielerorts bestens miteinander aus.

Allerdings, die Sache hat doch einen Haken. Denn den muslimischen Verbänden, die den Moscheenbau betreiben, scheint es vor allem auf eine Machtdemonstration anzukommen. Um nur ein Beispiel zu nennen: Da gibt es Moscheen in Europa, die heißen «Eroberungs-Moschee». Dieser Name erinnert an die gnadenlose islamische Eroberung Afrikas und Europas vor 1300 Jahren. Das ist kein gutes Zeichen. Wie sollen wir reagieren?

Halten wir uns an Jesus, überwinden wir das Böse mit Gutem. Nehmen wir den Hasspredigern und den Eroberungsstrategen den Wind aus den Segeln, indem wir den Muslimen unter uns als Menschen wie als Gläubige mit offenen Armen begegnen. Gewinnen wir sie durch unser Vorbild für unsere Ideen. Leben wir ihnen vor, was wir unter Toleranz verstehen. Begehen wir nicht den Fehler, aus Angst vor der Intoleranz der anderen selbst intolerant zu werden. Es reicht nicht, lautstark Forderungen zu stellen. Es wäre schön, wenn auch der frömmste Muslim spüren würden: Wir sind Brüder, wir sind Schwestern, wir beten zu demselben Gott. Ich glaube: Wer das Gefühl hat, zu uns zu gehören, der wird seine Ohren vor der Botschaft des Hasses verschließen. Denn Liebe ist stärker als Hass.

Wenn Kinder vor dem Fernseher «abgeschaltet» werden

Neulich schlug ich die Zeitung auf – und bekam einen regelrechten Schrecken. Da waren Fotos abgedruckt, Fotos mit den Gesichtern von Kindern, die gerade fernsehen. Gruselige Bilder. Zusammengesunken und wie erstarrt saßen diese Kinder da vor der Flimmerkiste, und ihre Gesichter waren leer und ausdruckslos. Sie schienen gebannt, aber gleichzeitig wirkten sie stumpf und geistesabwesend, als hätte man ihren Verstand, ihr Gefühl, ja den ganzen kleinen Menschen abgeschaltet. Tausende von Stunden verbringen Kinder in Deutschland so vor dem Fernseher. Sicher, solche «abgeschalteten» Kinder geben Ruhe, und ich verstehe, dass Eltern manchmal Ruhe brauchen. Aber ich frage mich doch, was unterdessen in den Seelen der Kinder geschieht. Diese Bilder von wehrlos ausgelieferten Kindergesichtern lassen nichts Gutes ahnen.

Und dann ein ganz anderes Erlebnis. Ich stehe auf einem deutschen Flughafen in der Schlange, um für einen Flug nach Marokko einzuchecken. Es ist diesmal nicht die übliche Menschenschlange aus Touristen und Geschäftsleuten, ich bin vielmehr umringt von marokkanischen Familien, und es wimmelt um mich her von Buben und Mädchen, die sich vor Bewegungslust und Spielfreude kaum zu lassen wissen. Es ist ein wahres Vergnügen, ihnen zuzusehen. Das Schreien stört mich nicht, das gehört dazu, und ich male mir schon aus, wie es gleich im Flugzeug zugehen wird.

Wo haben sie diese Lebensfreude und diese Unbefangenheit gelernt?, frage ich mich. Diese Kinder sehen nicht so aus, als würden sie stundenlang vor dem Flachbildschirm sitzen. Und diese Eltern sehen nicht so aus, als würden sie ihre Kinder in Kindertagesstätten abliefern, um für die Arbeit frei zu sein. Trotzdem hat jede Familie drei oder vier Kinder. Weshalb nehmen diese marokkanischen Eltern das auf sich? Aus Liebe zum Leben vielleicht? Oder wegen des Glücks, Liebe zu schenken?

Solche Kinder wie diese marokkanischen müssen es gewesen sein, damals, als einige Mütter ihre Kleinen zu Jesus brachten. Die Jünger wollten sie fortschicken, doch Jesus sagte: «Lasst die Kinder zu mir kommen, hindert sie nicht daran! Denn Menschen wie ihnen gehört das Himmelreich.» (Matthäus 19,14) Bei Kindern wie den marokkanischen versteht man gleich, was Jesus damit meinte. Aber bei den Fernsehkindern auf den Zeitungsfotos …?

Mönche haben die Ruhe weg, denken Sie? Mönche brauchen sich nicht abzuhetzen, sie sind einen gleichmäßigen Lebensrhythmus gewöhnt, sie können es schön entspannt angehen lassen, glauben Sie?

> *Den Mitmenschen mit anderen Augen sehen*

Ja, schon wahr, das Klosterleben ist längst nicht so hektisch wie das Leben außerhalb der Klostermauern. Mönche sollten also eigentlich geduldige Menschen sein, und als Abtprimas sollte ich erst recht ein Ausbund an Geduld sein. Doch leider gelingt mir das nicht immer.

Heute Morgen zum Beispiel hätte ich aus der Haut fahren können. Es hatte mich nicht mehr im Bett gehalten, ich war früh aufgestanden und hatte mich im Gästehaus einer amerikanischen Abtei an den Computer gesetzt. Seit zwei Tagen war ich nicht mehr zu meiner E-Mail-Post gekommen. Die amerikanischen Benediktinerinnen hatten mir mit ihrer Generalversammlung keine freie Minute gelassen, und ich war ganz schön ins Hintertreffen geraten.

Es war herrlich still um diese Zeit, halb sieben Uhr morgens. Ich legte los – und fuhr im nächsten Moment zusammen. Hinter mir wurden Stühle über den Steinboden geschleift und Sessel verschoben, es quietschte und kratzte, ein scheußlicher Lärm. Ich sah mich um. Da war eine schwarze Putzfrau emsig zugange und sägte mit ihrem Stühlerücken an meinen Nerven. Wie sehr mich das aufregte – ich wunderte mich über mich selbst. Aber der Lärm nahm kein Ende, und ich musste mich doch konzentrieren. Ich lehnte mich zurück, beobachtete diese Putzfrau bei ihrer Arbeit und überlegte. Wie früh sie aufgestanden war! Ich saß hier, weil ich sowieso nicht mehr schlafen konnte, sie aber war gezwungen, so früh aufzustehen. Sie musste Geld verdienen. Und wahrscheinlich würde niemand jemals ihre Arbeit würdigen. Mit einem Mal hatte sie meine Sympathie. Ich schmunzelte über mich selbst und machte mich wieder an die Arbeit.

Sich in andere hineinzuversetzen, das hilft meistens. Oft reicht es, sich kurz vorzustellen, in welcher Lage der andere ist, und der eigene Ärger verfliegt. Aus reiner Böswilligkeit stören uns die allerwenigsten. Und dann kam mir noch etwas in den Sinn: Hat Jesus nicht eine besondere Vorliebe für Menschen wie diese schwarze Putzfrau gehabt? Jetzt konnte ich meinen Frieden mit ihr machen. Und der Lärm störte mich nicht mehr.

Das Christentum ist immer wieder eine Überraschung wert

Zurzeit bin ich wieder viel unterwegs – und erlebe so manche Überraschung. Zum Beispiel in der Ukraine. Ich hätte mir nicht vorgestellt, dass es dort ganz ähnlich zugeht wie bei uns in Frankfurt oder München: dieselbe bauchfreie Mode, die gleichen sackartigen Jeans, und jeder ist mit seinem Handy unterwegs. Sicher, manches ist schlichter als bei uns, die Häuser, die Geschäfte. Aber die großen Verbindungsstraßen, die das unendlich weite, flache Land durchziehen, sind regelrechte Autobahnen.

Ich war vom 200-jährigen Jubiläum des Benediktiner-Gymnasiums in Wien in die Ukraine geflogen, um die Benediktinerinnen dort zu besuchen. Es gibt dort Nonnenklöster mit einer ganzen Anzahl von Schwestern. Sie arbeiten in den Pfarreien, in der Fürsorge und bei der Betreuung von Pilgerstätten mit. Ich bewundere diese Frauen. In kommunistischer Zeit hatten sie sich in Polen oder Litauen in Sicherheit gebracht, und nach dem Zusammenbruch des Kommunismus sind sie zurückgekehrt, um neu zu beginnen. Nicht, dass es ihnen in ihren Gastländern viel besser ergangen wäre, aber sie haben dort wenigstens überlebt. Ein Männerkloster gibt es in der Ukraine übrigens nicht. Vielleicht fehlt den Männern der Mut. Es ist ja oft so, dass Nonnen mit harten Lebensbedingungen besser fertig werden als Mönche – sie wirtschaften sparsamer, und sie haben in der Regel auch mehr Ausdauer.

Eine weitere Überraschung war für mich, dass es in der ukrainischen Hauptstadt Kiew ein altes Höhlenkloster gibt. Mönche haben dort im 11. Jahrhundert ihre Zellen in den Fels gegraben, um den Rest ihres Lebens in völliger Einsamkeit und Abgeschlossenheit zuzubringen. Viele Touristen und Pilger besuchen diese Stätte und stehen andächtig vor den gläsernen Särgen, in denen die Mumien von Mönchen in kostbaren Kleidern liegen. Diese Zeugen der frühen christlichen Vergangenheit der Ukraine stellen ein wertvolles Erbe dar, etwas, worauf die Ukrainer bis heute stolz sind. Später haben sich dann Menschen in Zeiten der Verfolgung in diese Höhlen geflüchtet. Und im Mittelalter war dieser Ort der Frömmigkeit gleichzeitig das Zentrum eines reichen, kulturellen Lebens – genau wie unsere Klöster in Westeuropa auch. Ich freue mich immer, so etwas zu erleben. Es zeigt mir, wie stark der Glaube die Wissenschaft und die Kunst beflügelt hat. Und wie viel Europa dem Christentum verdankt.

Das «Haus Benedikt» in Afghanistan

Sie wissen sicherlich, dass in Afghanistan auch deutsche Soldaten und Soldatinnen Dienst tun. Sie begeben sich in Gefahr, sooft sie ihr Lager verlassen, und mancher von ihnen wird sich wohl häufiger als früher Gedanken über Leben und Tod machen. Nun wurde dort, im Feldlager der Deutschen, vor einigen Wochen ein ökumenischer Gottesdienstraum eingeweiht. Aus Rücksicht auf die muslimische Bevölkerung wollte man ihn nicht als Kirche bezeichnen. Jetzt heißt er «Haus Benedikt», nach unserem Ordensgründer, dem heiligen Benedikt.

Wer war dieser Benedikt? Ein großer, bewundernswerter Gottesmann, wie ich finde. Er lebte im 6. Jahrhundert und ist der Vater des abendländischen Mönchstums. Nach der Regel, die er verfasste, richten sich unsere Brüder und Schwestern bis auf den heutigen Tag, weil sich in den vergangenen 1500 Jahren gezeigt hat: Die unterschiedlichsten Menschen können in Frieden zusammenleben, wenn sie sich an seine Regel halten. Über dem Eingang vieler Benediktinerklöster steht deshalb «Pax», zu Deutsch «Frieden». Friede wird den Eintretenden gewünscht genauso wie denen, die an diesen Orten leben.

Frieden, das sollen auch unsere Soldatinnen und Soldaten inmitten des Kriegsgebiets im «Haus Benedikt» finden. Und ich könnte mir denken, dass einen die kühnen Friedenshoffnungen der Bibel plötzlich noch viel tiefer berühren, wenn man von einem gefährlichen Einsatz zurückkommt. Diese Friedenshoffnungen gehen ja über alles hinaus, was wir uns von Abrüstungsverhandlungen oder Antiterroreinsätzen versprechen dürfen. Sie gehen so weit, dass die Propheten es wagen, sich eine Welt ohne Waffen und ohne Angst vorzustellen. Eine Welt, in der Schwerter zu Pflügen und Speere zu Sicheln umgeschmiedet werden. Eine Welt, durch die ein großes Aufatmen geht, weil sie vom schlimmsten aller Übel erlöst ist, dem Krieg. Eine Welt, in der jeder seelenruhig die Trauben seines Weinbergs und die Früchte seiner Feigenbäume genießen kann, weil er von anderen Menschen nichts mehr zu befürchten hat. Was für großartige Bilder der Hoffnung für Menschen, die sich nur in gepanzerten Fahrzeugen aus ihrem Lager trauen dürfen! Allerdings – ohne den Glauben an einen Gott, der diesen Frieden stiften kann, wäre alles nur Illusion. Ohne Gott gäbe es nichts zu hoffen. Es ist dieser Friede Gottes, den ich den Menschen in Afghanistan, unseren Soldaten dort und auch Ihnen wünsche.

Jede Kirche birgt ein Geheimnis

Sind Ihnen Kirchen auch nicht ganz geheuer? Verstehen Sie die jungen Leute, die sich scheuen, eine Kirche auch nur zu betreten? Es gibt immer mehr davon. Eine Frau von Mitte zwanzig sagte mir: «Ich habe das Gefühl, ich störe da nur – vor allem, wenn gerade Messe ist. Dann käme ich mir vor wie ein Tourist, der Menschen bei einer exotischen Zeremonie begafft. Wie ein Eindringling, der andere mit seiner Neugier belästigt. Das ist mir alles so fremd ...» Nein, sie wollte keine Kirche von innen sehen. Es war ihr irgendwie unangenehm.

Ich dachte mir: Sie hat gar nicht so unrecht mit ihrem Gefühl. Sie spürt, dass Kirchen wirklich besondere Orte sind, mit nichts zu vergleichen. Schon von außen unterscheiden sie sich. Sie ragen heraus aus der Alltäglichkeit, sie reihen sich nicht unauffällig ein zwischen Banken, Hotels und Kaufhäuser, sie stehen für sich – und für ein großes Geheimnis. Wenn man dann eine Kirche betreten hat, spürt man dieses Geheimnis noch deutlicher. Man verhält sich plötzlich anders, und man fühlt sich auch anders, weil alles um einen her anders, ganz anders ist als draußen. Die Zeit zum Beispiel scheint in einer Kirche keine Rolle zu spielen. Hier muss nichts schnell gehen. Hier muss eigentlich überhaupt nichts passieren. Und trotzdem geschieht etwas. Mit uns nämlich. Die Stille des hohen Kirchenraums bringt uns zum Schweigen. Mit einem Mal fühlen wir uns von dem Zwang erlöst, unbedingt etwas tun oder unternehmen zu müssen. Wir spüren: Dieser Raum wirkt auf uns, er redet mit uns, und wir, wir müssen nichts weiter tun als ruhig zu werden und auf die Stille zu hören. Vielleicht fühlen wir uns dann plötzlich kleiner als draußen in der Welt der Banken, Hotels und Kaufhäuser, doch gleichzeitig wird es uns so vorkommen, als hätten wir eine größere Bedeutung bekommen. Und genau das ist das Eigentümliche an einer Kirche. Hier stehen wir Menschen tatsächlich nicht im Mittelpunkt, sie ist ja ein Ort, wo die Größe Gottes gelobt und angebetet wird. Aber diese Größe strahlt zurück auf sein Geschöpf, den Menschen, und dafür braucht man noch nicht einmal einen Gottesdienst zu erleben. Es reicht schon dieser stille und hohe Raum, der uns mit Ehrfurcht erfüllt und uns gleichzeitig ein neues Gefühl für unsere Würde als Geschöpfe und Kinder Gottes gibt. Ja, ich verstehe die junge Frau. In einer Kirche passiert etwas mit uns. Hier nehmen wir uns ernster, weil wir uns wahrhaft ernst genommen fühlen, obwohl wir nicht im Mittelpunkt stehen. Vielleicht besteht darin das Geheimnis, das manchen einschüchtert oder unsicher macht. Aber ich möchte ohne dieses Geheimnis nicht leben.

Buddha oder Jesus — wer überzeugt mehr?

Kürzlich hat eine Umfrage ergeben: Der Buddhismus ist in Deutschland beliebter als das Christentum. Donnerwetter, habe ich gedacht. Kennen sich denn so viele Menschen bei uns mit dem Buddhismus so gut aus? Denn – um eine Religion beurteilen zu können, muss man doch ziemlich vertraut mit ihr sein. Oder reicht schon das vage Gefühl, der Buddhismus sei irgendwie friedlicher als das Christentum, um ihn gleich sympathischer zu finden?

Ich kenne mich einigermaßen aus, ich habe nämlich praktische Erfahrungen mit dem Buddhismus gemacht. Als ich noch Abt des bayerischen Klosters St. Ottilien war, haben uns buddhistische Mönche aus Japan besucht und eine Zeit lang mit uns zusammengelebt. Später bin ich dann mit einigen Mitbrüdern nach Japan gefahren, und wir haben das Leben unserer buddhistischen Freunde geteilt. Vieles dort war mir vertraut, die Disziplin, die Stille, und ich habe mich in ihrem Kloster von Anfang an zu Hause gefühlt. Aber wenn wir miteinander sprachen, kamen große Unterschiede zutage. Und ich gebe offen zu: Am Ende war mir das Christentum immer noch sympathischer. Warum?

Ich will Ihnen meinen wichtigsten Grund nennen. Buddhisten glauben, dass es eine Strafe ist, zu leben. Sie gehen davon aus, dass die Welt für uns nichts als Leiden bereithält und das Leben deshalb unerträglich ist. Ihre einzige

Hoffnung besteht darin, nach dem Tod mit dem Weltall zu verschmelzen, also: sich in nichts aufzulösen. Und um dieses Ziel zu erreichen, muss der Mensch sich schon zu Lebzeiten so weit wie möglich aus diesem Leben zurückziehen. Am besten, er verliert alles Interesse an der Welt – und vor allem an sich selbst. Das Christentum ist da viel optimistischer. Für Christen ist es ein Glück, zu leben. Ein Gottesgeschenk. Wir glauben ja, dass die Welt von Gott geschaffen wurde und von Gott geliebt wird und dass jeder Einzelne diese Welt im Vertrauen auf Gottes Liebe verändern und verbessern kann. Wir geben die Welt deshalb nicht auf. Und wir suchen unseren Seelenfrieden darum auch nicht im Rückzug aus der Welt, sondern im Einsatz für Menschlichkeit und Nächstenliebe. Es ist eben kein Zufall, dass Menschen wie Albert Schweitzer, Mutter Teresa oder Martin Luther King überzeugte, gläubige Christen waren. Jesus hatte es ihnen vorgemacht. Also – man kann gewiss viel von Buddha lernen. Aber für mich ist Jesus als Vorbild doch wertvoller.

Nur ein einziges Wort der Verzeihung...

Ich frage mich oft, warum es Menschen so schwerfällt, zu verzeihen – obwohl sie wissen, dass der andere sich nichts sehnlicher wünscht. Da ist zum Beispiel die alte Dame, die furchtbar darunter leidet, dass ihre Tochter nichts mehr von ihr wissen will. Seit fast dreißig Jahren spricht die Tochter nicht mehr mit ihr, beantwortet auch ihre Briefe nicht, lässt sie einfach schmoren. Nur ein Wort der Verzeihung – und die alte Dame könnte beruhigt sterben. Sie weiß ja, dass sie als Mutter früher einiges falsch gemacht hat. Aber doch nicht aus bösem Willen, sondern weil sie selbst unsicher, ja oft regelrecht hilflos war. Wird ihre Tochter das nie verstehen?

Ich könnte mir denken, dass diese Tochter ihre Mutter gar nicht verstehen will. Warum? Weil sich manche Menschen so wichtig und mächtig vorkommen, wenn sie beleidigt sind. Die Wut macht sie größer, bedeutender; sie sind nun plötzlich im Recht und finden das toll und fühlen sich so stark wie noch nie. Vielleicht verzeiht diese Tochter ihrer Mutter also deshalb nicht, weil sie ihr gegenüber im Recht sein will, bis zu deren Lebensende. Mit anderen Worten: Wer nicht verzeiht, der hat Macht über den anderen und genießt es womöglich, ihn zappeln und leiden zu lassen. Solche Menschen reißen deshalb lieber ihre alten Wunden immer wieder auf, als einmal das erlösende Wort der Verzeihung zu sprechen.

Kennen Sie das auch? Dann wissen Sie auch, wie teuflisch diese Macht ist, die uns an der Vergebung hindert. Sie ist teuflisch, weil sie zerstörerisch ist. Und sie zerstört nicht nur die Mutter, die immer verzweifelter auf das erlösende Wort ihrer Tochter wartet – sie zerstört auch die Tochter, die sich in ihre Verbitterung verbeißt und daran seelisch zugrunde geht. Wie kommt man da bloß raus? Einen Ratschlag habe ich: Verurteilen Sie den, der Sie gekränkt hat, niemals moralisch. Unterstellen Sie ihm keine böse Absicht. Berücksichtigen Sie, dass viele Menschen eher aus Hilflosigkeit oder Angst Fehler machen als aus Boshaftigkeit. Fragen Sie sich, ob nicht doch ein Missverständnis vorliegt, ob nicht alles doch ganz anders gemeint gewesen sein könnte. Und denken Sie immer daran: Wer nicht verzeiht, hat Macht über den anderen. Wer aber verzeiht, der hat Macht über sich selbst. Und diese Macht über sich selbst befreit. Sie macht uns frei für die Liebe, die Jesus selbst für seine Peiniger empfand, als er am Kreuz hängend sagte: «Vater, vergib ihnen, denn sie wissen nicht, was sie tun.» (Lukas 23,34)

Musik aus Ohrstöpseln – oder vielleicht doch im Chor singen?

Zum Verzweifeln sei das, höre ich immer wieder. Unsere Jugendlichen würden nur noch in ihrer Pop- und Internetwelt leben, alles gedankenlos mitmachen und bloß noch nach der Pfeife der Werbeagenturen und der Musikindustrie tanzen. Sicher ist das auch häufig so. Es wird ja immer schwerer, sich der Faszination der elektronischen Medien zu entziehen und Widerstand gegen die tausend Verführungen der Konsumwelt zu leisten. Täglich werden unsere Kinder mit wertlosen Vorbildern überhäuft – wie sollen sie da lernen, was für ihr Leben wirklich wertvoll ist? Und – wollen sie das nach dieser pausenlosen Gehirnwäsche überhaupt noch wissen?

Ja, das wollen sie. Davon bin ich überzeugt. Weil sich alle jungen Menschen nach etwas sehnen, das sie innerlich wirklich tief berührt, das ihnen die Augen für eine unbekannte Welt hinter ihrer Alltagswelt öffnet. Eine kleine Geschichte dazu: Ich nahm an einem Festgottesdienst in München teil. Der Chor sang die Messe eines modernen Komponisten – großartig, fand ich, aber sicher nicht jedermanns Sache. Da fiel mir vorn in der ersten Kirchenbank ein Messdiener auf, höchstens zehn Jahre alt. Immer wieder drehte er sich um und schaute wie gebannt auf den Chor. Das waren Klänge, die er noch nie gehört hatte, und die Begeisterung stand ihm ins Gesicht geschrieben. Eines Tages wird er wohl selbst in einem solchen Chor mitsingen wollen, dachte ich.

So ist es eben: Man muss das Wertvolle selbst erleben. Es reicht nicht, davon zu hören oder drüber zu diskutieren. In jedem Kind schlummert ja das Interesse an echten Werten, aber dieses Interesse muss geweckt werden. Junge Menschen brauchen deshalb Gelegenheiten, das Schöne und Großartige zu entdecken – dann können sie auch anderen Tönen etwas abgewinnen als denen, die aus ihren Ohrstöpseln kommen. Und so geht es mit allen Werten, auch denen, die unserem Leben Halt und Sinn geben. Darum müssen Kinder Gottesdienste erleben und mitsingen und mitbeten, sonst werden sie nie verstehen, was dran ist an diesem Glauben. Und darum müssen sie Werte wie Treue, Rücksicht und Versöhnlichkeit am Vorbild ihrer Eltern erleben, sonst hilft auch kein Ethikunterricht. Der kleine Messdiener jedenfalls, der wird diesen Festgottesdienst bestimmt nie vergessen. Und ich bin sicher: Die Musik jenes Tages wird von großem Wert sein für sein ganzes Leben.

Eine Familie braucht jeder

Kürzlich hatte ich Besuch von einem jungen Paar aus Deutschland. Ich spürte gleich, dass sie nicht nur hergekommen waren, um zu sehen, wie ich lebe. Und tatsächlich baten sie mich nach dem Abendessen um ein Gespräch. So erfuhr ich, dass die beiden als Frischverliebte vor zehn Jahren herrliche Wochen in Rom verbracht hatten. Nun hatte die junge Frau ihrem Freund diese Reise geschenkt. An sich nichts Besonderes. Viele Paare kommen in die Ewige Stadt, um Erinnerungen aufzufrischen – und manchmal auch, um eine verlorengegangene Liebe wiederzufinden.

Diese beiden aber wollten mit mir nicht über die Vergangenheit sprechen, sondern über die Zukunft. Denn obwohl sie sich sehr liebten, gab es etwas, das sie entzweite: Während er sich nichts sehnlicher als Kinder wünschte, hatte sie Angst davor, eine Familie zu gründen. Angst, ihre Selbständigkeit und den Anschluss im Beruf zu verlieren. Und wohl auch Angst, als Hausfrau und Mutter ein eintöniges Dasein fristen zu müssen.

Ich habe dieser Frau eine ganz persönliche Antwort gegeben. Ich habe ihr gesagt, dass ich Kinder für mein Leben gernhabe. Dass es zu meinen schönsten Aufgaben gehört, ein Kind taufen zu dürfen. Und dass ich es manchmal bedauere, selbst keine Kinder zu haben. Frag dich einmal, habe ich ihr dann gesagt, ob Kinder wirklich nur ein Hindernis in deinem Lebenslauf sind? Ob ihre Anwesenheit, ihre Schutzbedürftigkeit wirklich nur eine Belastung für dich darstellen? Ob es wirklich das Wichtigste in deinem Leben ist, ungestört deine beruflichen Ziele zu verwirklichen? Sicher, ich selbst habe einen anderen Weg gewählt. Meine Familie ist die Klostergemeinschaft. Aber irgendeine Familie, glaube ich, braucht jeder. Jeder trägt eine tiefe Sehnsucht nach der Familie in sich. Und in der Regel gehören Kinder dazu. Sie lenken uns von uns selbst ab. Sie verhindern, dass wir egoistisch nur um die eigene Person und die eigenen Sorgen kreisen. Sie bringen eine neue Art von Liebe in unser Leben und damit eine neue Art von Glück. Man spürt förmlich, dass auch Jesus sich von diesem Glück anstecken lässt, wenn er sagt: «Lasst die Kinder zu mir kommen und wehrt ihnen nicht, denn ihrer ist das Reich Gottes.» (Lukas 18,16) Ich weiß nicht, ob ich die junge Frau überzeugen konnte. Aber ich würde mich sehr freuen, wenn die beiden mich das nächste Mal zu dritt besuchen würden.

Warum machen uns Komplimente von Kindern so glücklich?

Sie wissen das natürlich viel besser als ich: Eine Reise mit Kindern ist für Eltern nicht die reine Erholung. Gerade jetzt in der Reisezeit schwanke ich oft zwischen Mitgefühl und Bewunderung, wenn ich Familien beobachte, wie sie mit letzter Mühe ihren Zug, ihr Flugzeug erreichen – ist auch wirklich jedes Gepäckstück da? Und wo, um Himmels willen, saust der Jüngste schon wieder hin? Da habe ich es als alleinreisender Mönch doch einfacher.

Vor kurzem zum Beispiel flog ich von München nach Hamburg. In der Reihe vor mir hatte eine Mutter mit zwei kleinen Kindern Platz genommen, einem Bub und einem Mädchen. Kurz nach dem Start ging es los: ängstliches Weinen, das immer lauter wurde. Die Mutter tröstete, beschwichtigte, entschuldigte sich, aber das Weinen wurde bloß heftiger. Wir Erwachsene können die Druckveränderung im Flugzeug ja durch Kaubewegungen ausgleichen, aber Kindern tut das furchtbar weh. Da wandte sich das Mädchen zu mir um, und ich begann spontan, mit meinen Fingern Faxen zu machen. Das Weinen verstummte. Mal sehen, was mir einfällt, dachte ich. Können Finger ein Schmetterling sein? Oder eine Giraffe? O ja! Und nun lachte die Kleine. Sie streckte ihre Hand aus, unsere Finger berührten sich, und bald tauchte auch der Bub zwischen den Sitzen auf. Wir spielten zu dritt weiter, und die beiden lachten und lachten – bis Hamburg. Zum Schluss bedankte sich die

Mutter bei mir. Und nun kam das Schönste. Ich sagte zu dem Mädchen: «Du bist ein echter Goldschatz.» Und die Kleine antwortete: «Du aber auch.» Ringsum lachten die Passagiere. Und mein Nachbar sagte: «Dieses Kompliment können Sie sich hinter den Spiegel stecken.»

Mich hat es jedenfalls glücklich gemacht. Warum? Wohl deshalb, weil Kinderkomplimente ganz ehrlich sind. Spontan und ohne Hintergedanken. Da spüren wir, dass wir in diesem Moment ohne Wenn und Aber gemocht werden. So, wie uns sonst nur Gott liebt. Und wir verstehen plötzlich, was Jesus gemeint hat, als er sagte: «Wenn ihr nicht werdet wie die Kinder, könnt ihr nicht ins Himmelreich kommen.» (Matthäus 18,3) Wir schaffen ja immer ein Stück Himmel, wo wir so offen, so ohne Berechnung aufeinander zugehen. Deshalb sollten wir nicht warten, bis uns solche Augenblicke geschenkt werden. Fangen wir selbst damit an – beim Ersten, der uns über den Weg läuft oder zufällig in der Reihe vor uns sitzt.

Unvernünftig und verrückt sein – ganz nach dem Herzen Jesu

Christen müssen verrückt sein. Verrückt genug, alles aufgeben und alles hinter sich lassen zu können und sich ein ganz anderes Leben und eine ganz neue Welt vorstellen zu können. Wer nicht verrückt ist, wird Jesus nie verstehen. Denn Jesus gehörte nicht zu den Vernünftigen, die immer schon alles kommen sehen und deshalb lieber gleich die Finger davon lassen. Mit den Phantasielosen konnte er nichts anfangen. Und deshalb stellte er in seinen Gleichnissen die Welt auf den Kopf. Stellt euch vor, sagte er, dass alles auch ganz anders laufen könnte. Stellt euch vor, ein Vater nimmt seinen missratenen, gescheiterten, längst verlorengegebenen Sohn wieder zu Hause auf, ohne ihm die Leviten zu lesen, ohne ihm auch nur den leisesten Vorwurf zu machen. Stellt euch vor, ein reicher Gastgeber lädt die Obdachlosen und Drogensüchtigen, die sich abends auf der Straße tummeln, zu einem Festessen in seine Villa ein. Warum verstoßt *ihr* nicht mal gegen alle Gewohnheiten?, sagte er. Warum lasst *ihr* euch nicht einfach von eurer Liebe überwältigen, ohne zu fragen, ob andere das passend finden? Habt ihr denn keine Vorstellungen vom Glück, die weit über das hinausgehen, was einem so als Glück verkauft werden soll? Manchmal höre ich von solchen Verrückten, die gut zu Jesus gepasst hätten. «Mein Sohn hat hier alles aufgegeben und ist auf eine Insel im Mittelmeer gezogen», erzählte mir kürzlich eine Mutter. «Er will dort ein kleines

Hotel aufmachen und Wanderungen für Naturliebhaber organisieren. Er hat angefangen, den Sternenhimmel zu studieren und sich mit der Vogelwelt der Insel vertraut zu machen. Dabei ist er eigentlich Ingenieur. Aber er sagt, von der Technik könne er nichts mehr lernen. Die Natur hingegen sei eine unerschöpfliche Quelle des Staunens und der Bereicherung für ihn.» Besonders glücklich schien sie mir nicht über diese Entscheidung ihres Sohns – wie kann man bloß so leichtsinnig sein und alle Sicherheit über Bord werfen? Mir aber fiel ein Gleichnis Jesu ein. «Das Himmelreich», sagt er da, «gleicht einem Schatz, verborgen im Acker, den ein Mensch fand und verbarg. In seiner Freude ging er hin und verkaufte alles, was er hatte, und kaufte den Acker.» (Matthäus 13,44) Auch dieser Mensch also ein Verrückter. Auch er so einer, der die Ratschläge seines Vermögensberaters in den Wind schlägt und alles auf eine Karte setzt. Ein Unvernünftiger, der für eine Welt der Liebe und der Gewaltlosigkeit bereit ist, jeden Preis zu zahlen. Ein Verrückter – ganz nach dem Herzen Jesu.

Mariä Schmerzen – ein Anlass zum Feiern

Können Sie mir eine Organisation nennen, die so gern feiert wie die Kirche? Schauen Sie sich nur mal den Kirchenkalender an – lauter Festtage! Mit der Vorfreude auf Jesu Geburt geht es Anfang Dezember los, und mit dem Christkönigstag Ende November hört es auf. Aber die Kirche feiert nicht nur Freudenfeste. Im Rhythmus des Kirchenjahrs geht es genauso um Leiden und Sterben wie um Geburt oder den Sieg über den Tod. Mit den christlichen Festen erleben wir ein Auf und Ab der Gefühle, so dramatisch wie das Leben selbst. Geradezu tragisch aber mutet der Name des Festes an, das wir am 15. September begehen: Mariä Schmerzen.

Ein Anlass zum Feiern? Das klingt doch eher nach einem Tag, an dem wir Trübsinn blasen müssten. Was hat es denn damit auf sich? Ich glaube: An diesem Tag kommt Maria allen Frauen dieser Welt ganz nahe. Denn an diesem Tag gedenken wir der Sorgen und Ängste, die Maria als Mutter Jesu durchgemacht hat, und in ihren Nöten kann sich jede Frau wiedererkennen, die einem Kind das Leben geschenkt hat. Welche Mutter könnte nicht Marias Angst um ihren neugeborenen Sohn nachvollziehen, während sie sich auf der Flucht nach Ägypten befand? Welche Mutter könnte nicht Marias jähen Schrecken nachempfinden, als sie auf dem Rückweg von Jerusalem plötzlich merkte, dass ihr Sohn verschwunden war? Und welche Mutter könnte nicht die Qualen mitfühlen, die Maria litt, als sie ihren Sohn sterben sah? Gottlob bleibt den meisten Müttern heute der Tod eines Kindes erspart; doch wer Kinder hat, lebt in ständiger Besorgnis und kann sich gut in Marias Mutterherz hineinversetzen. Er wird dann aber auch noch etwas anderes als bange Sorge und herzzerreißenden Schmerz erleben, nämlich die Stärke dieser Frau. Zwar steht davon nichts in der Bibel, aber wir können uns leicht ausmalen, wie die Leute getuschelt und gelästert haben, als Maria mit ihrem unehelichen Kind daheim auftauchte. Sie hat sich davon nicht einschüchtern lassen. Und bis zum Schluss hat sie ihrem Jesus die Treue gehalten, hat sogar seinen Anblick am Kreuz noch ausgehalten. Der Evangelist Johannes schreibt, dass sie in der Nähe des Kreuzes stand und nicht zusammenbrach. Es gehört ein unerschütterliches Gottvertrauen dazu, so viel Kraft aufzubringen. Mariä Schmerzen ist ein Tag, der uns vor allem mit dieser Kraft und diesem Gottvertrauen in Berührung bringt. Ein guter Grund, zu feiern, finde ich.

Von der Frömmigkeit der Muslime können wir lernen

Es gibt nicht nur den Islam der intoleranten Eiferer. Es gibt auch einen milden, respektvollen Islam. Kürzlich habe ich mich mit einigen Mönchen und Nonnen in einem Trappistenkloster in Marokko getroffen. Die Trappistenmönche leben dort seit Jahrzehnten unbehelligt. Besser noch: Sie sind bei der Bevölkerung beliebt, und gebildete Marokkaner suchen das Gespräch, den Gedankenaustausch mit ihnen. Für die marokkanischen Muslime sind diese christlichen Mönche gleichwertige Partner, weil sie in ihrem Glauben genauso verwurzelt sind wie ihre muslimischen Nachbarn im Islam. Ja, der marokkanische König hat allen Christen seines Landes sogar volle Freiheit zugesagt. Sie dürfen Besitz erwerben, sie dürfen Vereine gründen, sie dürfen ungehindert ihren Tätigkeiten nachgehen. Christen in der Türkei können von all dem nur träumen.

Für mich war das eine wunderschöne und wichtige Erfahrung. Als mich zum Schluss ein junger muslimischer Mathematiker zum Flughafen brachte, unterhielten wir uns unterwegs über Gott und was er für unser Leben bedeutet. Und als wir im Flughafen noch einen Kaffee tranken, begab er sich zunächst in die Gebetsecke und verrichtete dort sein Gebet, völlig selbstverständlich. Ich musste an früher denken. War es nicht auch bei uns einmal üblich, morgens vor dem Aufstehen und abends vor dem Zubettgehen zu beten? Haben nicht auch wir Gott vor jeder Mahlzeit für seine guten Gaben gedankt? Ich erinnerte mich, dass in den katholischen Ländern früher dreimal täglich die Glocke zum Angelus läutete und dass wir als Kinder abends beim Gebetsläuten zu Hause sein mussten. Vergessen, vorbei. Heute sind wir aufgeklärt und brauchen das alles nicht mehr. Aber – haben wir als Kinder damals nicht die Erfahrung gemacht, in Gott geborgen zu sein? Können wir vielleicht von solchen muslimischen Freunden heute wieder lernen, dass man in Gott Halt findet? Und ist diese Erfahrung nicht ein Dankgebet von Zeit zu Zeit wert?

Glücksrezept der Menschen in der Dritten Welt

Auf meinen Reisen mache ich immer wieder eine erstaunliche Erfahrung: Die Menschen in den armen Ländern, in Indien oder Afrika, wirken viel glücklicher als wir. Sie können über das ganze Gesicht strahlen, sie können sich überschwänglich freuen, sie lachen gern. Bei uns in Europa ist von dieser Lebensfreude wenig zu spüren. Wie vielen finsteren Gesichtern begegnet man hier, und was haben wir nicht alles an unseren Lebensverhältnissen auszusetzen! Wie kommt das? Geht es den Menschen in Indien und Afrika so viel besser als uns?

Bestimmt nicht. Aber – was für uns selbstverständlich ist, das ist für sie ein Grund zur Freude. Was wir kaum beachten, ist für sie eine kostbare Gabe. Wie lange kann ein Kind in Afrika von einem kleinen Glück zehren! Wie dankbar reagieren auch die Erwachsenen auf jede Wohltat! Und wie geht es Ihnen? Hüpft Ihnen das Herz im Leib vor Freude, wenn Sie einen Supermarkt betreten und die überquellenden Regale sehen? Strahlen Sie übers ganze Gesicht, wenn Sie in einem Restaurant die Speisekarte studieren und sich kaum entscheiden können, weil alles so verführerisch klingt? Wahrscheinlich nicht. Überfluss allein macht offenbar nicht glücklich. Jedenfalls nicht, solange man ihn für selbstverständlich hält. Aber Dankbarkeit macht glücklich. Das Gefühl, beschenkt zu werden, macht glücklich. Zu wissen, dass sich alles Gute Gottes Segen verdankt, macht glücklich. Dankbarkeit ist das beste Glücksrezept.

Und erst, wenn wir die prallvollen Supermarktregale und den gutgefüllten Kühlschrank daheim als Geschenk verstehen, ist auch unser Überfluss ein Grund zur Freude.

Wir können dieses Glücksrezept von den Menschen der Dritten Welt lernen. Aber eigentlich müssten wir es doch selbst wissen, dass Glück und Dankbarkeit zusammengehören. Deshalb feiern wir ja Erntedank. Und deshalb preisen wir Benediktiner vor jeder Mahlzeit Gott in einem Dankgebet. Diese Gebete sind im Grunde ein fortgesetzter, ununterbrochener Erntedank. Gehen Sie in diesen Tagen doch mal in eine Kirche. Erfreuen Sie sich an den geflochtenen Kränzen aus Korn und Blumen, an dem Obst und dem Gemüse, das da mit viel Phantasie zu farbenfrohen Gebilden aufgeschichtet wurde. Erinnern Sie sich an den Jubelruf des Psalmdichters: «Danket dem Herrn, denn er ist freundlich, und seine Güte währet ewiglich!» Und schließen Sie in ihren Dank alle ein, die immer wieder dafür sorgen, dass bei uns ein köstliches Essen auf den Tisch kommt: die Bauern genauso wie den Koch im Restaurant und die eigene Mutter oder den kochenden Ehemann. Die Menschen, die Ihnen begegnen, werden dann vielleicht finden, dass Sie einen glücklichen Eindruck machen.

Wunder müssen bemerkt werden

Haben Sie Gott schon mal um ein Wunder gebeten? Oder wünschen Sie sich, dass Gott endlich einmal eingreift? Dann würde ich Sie gut verstehen. Ich glaube, auch die vernünftigsten Menschen sehnen sich im Grunde nach einer Welt, in der noch Wunder geschehen. Mehr als die Hälfte aller Deutschen gibt sogar offen zu, an Wunder zu glauben. Und auch ich bin überzeugt, dass es Wunder gibt. Die Frage ist nur: Bemerken wir sie überhaupt?

Sicher, manche Wunder sind so spektakulär, dass sie durch die Presse gehen – die weinende Marienstatue zum Beispiel oder die blutende Heiligenfigur. Dann pilgern Menschen in Scharen dorthin. Ich bin da etwas skeptisch – aber warum nicht? Es ist ja nicht bloß Sensationslust, was diese Menschen treibt, sondern die ernstzunehmende Hoffnung, dass Gott sich endlich wieder gezeigt hat. Ich frage mich allerdings: Muss Gott erst Schlagzeilen machen, damit wir seine Gegenwart bemerken? Ich glaube nämlich: Er zeigt sich ständig! Vielleicht müssen wir uns nur etwas besser auf Gottes «Wellenlänge» einstellen, um seine Wunder wahrzunehmen. Denn immer, wenn uns etwas tief berührt, wenn wir unser Herz öffnen für eine vorbehaltlose Liebe, eine ergreifende Schönheit oder eine erlösenden Idee, geschieht ein Wunder. Weil wir in einem solchen Augenblick Gott die Chance gegeben haben, *seine* Wirklichkeit in unserem Leben zu zeigen. Das sind diese Momente, in denen uns eine Melodie, der Blick auf eine Landschaft oder eine unerwartete Zuneigung überwältigt – wir sind dann selbst wie losgelöst von allem, was uns an den Alltag fesselt, wir sind dann buchstäblich näher bei Gott. Wenn wir es fertigbringen, innerlich auf «Empfang» zu schalten, widerfahren uns solche Wunder immer wieder.

An manchen Wundern allerdings müssen wir mitwirken. Und zwar immer dann, wenn wir uns das Ende eines gehässigen Streits oder einer alten Feindschaft wünschen. Gott wird sicher nicht dafür sorgen, dass der andere einfach kapituliert – er liebt den Nachbarn, der uns das Leben schwermacht, ja genauso sehr wie uns. Aber er wird uns den Mut schenken, über den eigenen Schatten zu springen. Er wird uns die Angst nehmen, das Gesicht zu verlieren, wenn wir dem anderen unsere Versöhnung anbieten. Der Rest ist dann Ihre Sache. Und wissen Sie was? Gott wartet vielleicht schon lange darauf, dass Sie dieses Wunder bewirken.

Schicksalsschläge – wo warst Du, Gott?

Lassen Sie mich von einem Skandal sprechen. Einem wirklichen Skandal. In einer Todesanzeige bin ich auf ihn gestoßen. «Wo warst Du, lieber Gott?» stand da. Wo warst Du, als meine Frau von einer heimtückischen Krankheit überfallen wurde und neun Monate lang falsch behandelt wurde? Wo warst Du, als sie aus dem Leben gerissen wurde, nachdem sie ihre kranke Mutter jahrelang aufopferungsvoll gepflegt hatte? Sie, die immer auf Dich gehofft hat, die unsere Kinder im Glauben an Dich erzogen hat, die nie geklagt und für alle immer ein gutes Wort hatte. Wo warst Du, als sie zwei Tage nach ihrer Mutter starb?, fragt ihr Mann in dieser Todesanzeige, und warum bestrafst Du mich so grausam mit ihrem Tod? Warum hast Du uns nicht wenigstens noch ein paar schöne Jahre zusammen gegönnt? Wo warst Du, lieber Gott? – so lautet auch der letzte Satz dieser Todesanzeige.

Es muss einem das Herz zerreißen. Gott hat keine Gebete erhört. Er hat nicht gegeben, worum er angefleht wurde. Er hat nicht aufgetan, als dieser Mann bei ihm anklopfte. Nichts als Schmerz hatte Gott für ihn übrig. Und der Verstorbenen hat er den Lohn, das verdiente Glück, wie bescheiden auch immer, verweigert. Nun wird Gericht gehalten. Und diesmal sitzt nicht Gott über die Menschen zu Gericht, diesmal sitzt ein verzweifelter Mensch über Gott zu Gericht. Er sagt: Was bist Du für ein gewissenloser, rücksichtsloser, liebloser Gott? Er fragt: Wofür gibt es Dich überhaupt? Wie kannst Du Liebe, Hingabe und Glauben mit Verderben vergelten? Gibt es für diesen Skandal irgendeine Entschuldigung?

Wir weinen. Aber im Weinen fragen wir uns vielleicht: Wäre dieses Schicksal leichter zu ertragen, wenn es Gott nicht gäbe? Wäre uns wirklich geholfen, wenn wir Gott den Glauben aufkündigen würden? Wären wir wirklich erleichtert, wenn wir alles einem blinden Zufall zuschreiben könnten? Heinrich Heine, der Dichter, hat das letzte Jahrzehnt seines Lebens unter unsäglichen Qualen im Krankenbett zugebracht. Er hatte nie an Gott geglaubt. Aber nun, als er mit keinem Menschen mehr über sein Elend reden konnte, brauchte er einen, dem er seine Wut, seine Verzweiflung vor die Füße werfen konnte. Nun redete er mit Gott, Nacht für Nacht. An wen soll man sich wenden, wenn das Unglück alles Sagbare übersteigt? Ich weiß es auch nicht. Höchstens an Gott.

Jugendwahn – wenn die Alten nichts mehr zu sagen haben

Es war in einem kleinen italienischen Bergdorf. Auf dem Weg zur Pfarrei kam ich in einer engen Gasse an zwei alten Frauen vorbei. Da saßen sie auf einer knorrigen Holzbank, an die Hauswand gelehnt, und blinzelten in die Spätnachmittagssonne. Kaum hatte ich sie erreicht, wurden sie munter. Woher ich käme, wollten sie wissen, was mich in ihr Dorf führe – und tausenderlei mehr. Wir plauderten, wir machten Scherze. Da sagte die eine mit verschmitztem Lächeln: «Raten Sie mal, wie alt unsere Elisabetta hier ist.» Na, schwer zu sagen. Elisabetta hätte alles zwischen siebzig und neunzig sein können. Ich wiegte den Kopf und tippte auf «etwas über fünfundsiebzig». Sie winkte ab. «Ach was», sagte sie. «Zweiundneunzig!» Und Elisabetta selbst fügte mit erhobenem Zeigefinger hinzu: «Plus zwei Monate.» Wir lachten. Ich zollte Elisabetta meine Anerkennung und versprach, an ihrem hundertsten Geburtstag wieder vorbeizukommen.

Ich mag diese liebenswerten alten Menschen. Man spürt: Sie sind mit sich im Reinen. Sie haben in ihrem Leben gegeben, was in ihren Kräften stand. Bestimmt haben sie manches durchgemacht, haben manches Leid und manche Enttäuschung erfahren. Aber nun haben sie die Verantwortung für die Familie den Jüngeren überlassen, nun greifen sie nicht mehr ins Leben ein, und jetzt genießen sie die kleinen Freuden, die Wärme der letzten Sonnenstrahlen, die harmlose Plauderei mit einer Nachbarin. Ja, sie sind bescheiden, sie sind anspruchslos geworden – und strahlen vielleicht gerade deshalb so viel Lebensfreude aus.

Und wahrscheinlich sind sie sogar weise geworden. Wie viel könnten wir von alten Menschen lernen, wenn wir ihnen nur zuhören würden. Wenn wir ihnen nur zutrauen würden, dass sie viel über das Leben wissen und viel zu sagen haben. Es gibt ja kaum etwas Traurigeres als den Jugendwahn. Sollen wir alte Leute denn nur noch dann ernst nehmen, wenn sie jeden Zirkus mitmachen, wenn sie sich möglichst flott geben und die Erfahrungen eines langen Lebens herunterschlucken? Nein, wir dürfen die Alten nicht mundtot machen. Ich jedenfalls möchte ihre Stimme hören, möchte ihre Lebensfreude teilen, möchte von ihrer Weisheit profitieren. Erinnern Sie sich an das Vierte Gebot? Es lautet: «Ehre Vater und Mutter, damit du lange lebest auf Erden.» Doch warum sollte man sich ein langes Erdenleben wünschen, wenn man im Alter nichts mehr zu sagen hat?

In der Mitte des Lebens geht es aufwärts

Jeder, der ein paar Jährchen auf dem Buckel hat, kennt das: Plötzlich glaubt man nicht mehr daran, dass *irgendwann* alles gut wird. Wie viele Chancen hat man versäumt, was ist nicht alles fehlgeschlagen!

«Und das halbe Leben vorbei?» Solche alarmierenden Gedanken überfallen uns manchmal.

Erst vor kurzem kam ich auf einer langen Bahnfahrt mit einer Frau ins Gespräch, die schnell Vertrauen zu mir fasste. Sie war nicht mehr jung, sie fiel nicht durch besondere Kenntnisse oder tolles Aussehen auf, sondern durch ihre positive Ausstrahlung. Dabei erzählte sie mir eigentlich von lauter Fehlschlägen:

Gerade hatte sie sich von ihrem Lebensgefährten gelöst, der sie jahrelang verächtlich behandelt hatte. Die Trennung war furchtbar. Doch nun stellte sie erstaunt fest: «Tatsächlich kann ich ohne ihn mein Leben genießen.» Im Beruf hatte sie kürzlich erleben müssen, wie eine jüngere Kollegin die Stelle bekam, die sie selbst so gern gehabt hätte. Sie war tief getroffen, aber, so gestand sie mir mit einem kleinen Lächeln: «Das hat vor allem meiner Eitelkeit wehgetan, und damit wird man doch fertig, oder?» Am meisten Kopfzerbrechen machte ihr jedoch, dass sie glaubte, mit ihren Kindern vieles falsch gemacht zu haben. Ihrem erwachsenen Sohn zum Beispiel hatte sie immer wieder gesagt, wie er sein Leben führen solle – bis er es satthatte, mit seiner Mutter zu telefonieren. «Das habe ich doch an meiner eigenen Mutter auch schrecklich gefunden», sagte sie zu mir. Deshalb hatte sie sich nun entschlossen, ihren Sohn zu besuchen, «um ihn einmal wieder richtig zu umarmen. Er soll einfach wissen, wie sehr ich ihn mag. Ich will das nicht aufschieben, denn in meinem Alter weiß man, dass man nicht alle Zeit der Welt vor sich hat...»

Meine Reisegefährtin stieg aus, bevor ich ihr sagen konnte, wie sehr ich ihre Haltung bewunderte. Vieles war ihr missglückt, doch hatte sie in jeder Situation eine starke Seite von sich selbst kennengelernt: allein sein zu können, die eigene Eitelkeit zu besiegen, zu lieben, ohne Bedingungen zu stellen. Ich glaube: All das sind kostbare Errungenschaften, die wohl erst mit wachsender Lebenserfahrung möglich werden. Wenn wir uns darum bemühen, können wir trotz vieler Misserfolge eine positive Bilanz in der Mitte des Lebens ziehen. Sie trauen sich das nicht zu? Sie müssen es nicht allein schaffen: Gott kennt Ihre Stärken schon längst und wird Ihnen helfen, sie zu entdecken.

Hochachtung vor den Kindern

Wieder einmal im Flugzeug. Manchmal frage ich Gott, warum ich ständig in seinem Auftrag unterwegs sein muss. Doch ich erlebe auch viel dabei. Wo sonst ist man so eng mit seinen Mitmenschen zusammen wie beim Fliegen?

Nach dem Start wollte ich mich gerade in meine Arbeit vertiefen, da breitete sich Kinderlärm aus. Dem begleitenden Vater war das peinlich. Sie kennen die Situation, natürlich ermahnt man den Nachwuchs, die Erwachsenen nicht zu stören. Aber haben wir das Recht, unsere Angelegenheiten stets wichtiger zu nehmen als die der Kinder? Sie sind auf uns angewiesen, müssen wir nicht ihre Bedürfnisse genauso achten wie die unseren – im Flugzeug, auf der Straße, im Alltag?

Und müssen wir wirklich mit aller Kraft daran arbeiten, dass die Kinder so werden wie wir Großen? Erstaunlicherweise hat Jesus genau das Gegenteil gefordert! Bestimmt hat er dabei auch uns Fluggäste gemeint: Jeder macht ein sorgenvolles Gesicht, draußen aber breitet sich Gottes Schöpfung aus, Erde und Wolken aus einer überwältigenden Perspektive – wo bleibt denn *unsere* Begeisterung? Warum singt keiner mal ein Lied? Und sprechen wir eigentlich noch ehrlich miteinander oder wollen wir vor allem bei unseren Gesprächspartnern «ankommen»? Offenheit? Spontaneität? Die hat mancher von uns in der Kindheit zurückgelassen. Jesus würde sagen: «Das müsst ihr ändern!

Ich möchte, dass ihr werdet wie die Kinder (Matthäus 18,3), also verstellt euch nicht! Geht unbefangen auf die anderen zu! Sorgt euch nicht, sondern freut euch! Nur so könnt ihr ins Himmelreich kommen.»

Wir sehen Kinder oft als unfertige Erwachsene, doch Jesus hat sie ernst genommen. Für ihn sind sie Menschen mit einem ganz besonderen, eigenen Wert. Bei diesem Flug nun hatte Jesus einen unerwarteten Bundesgenossen: den Flugkapitän. Bei der Landung verabschiedete er sich mit den Worten: «Meine Damen und Herren, liebe Kinder! Wir sind soeben gut gelandet. Ladies and gentlemen, dear children...» Die Leute haben geschmunzelt, und ich habe ihm beim Verlassen der Maschine gedankt. Für seine Hochachtung vor den Kindern, sein Verständnis und seine Sympathie.

Wenn's in der Schule nicht klappt, ist es auch nicht so schlimm

Am Morgen sind Busse und Straßenbahnen wieder erfüllt vom fröhlichen Lärm der Schulkinder. Na ja, manchmal wird's auch etwas zu laut, es wird geschubst und gerangelt – aber sich abreagieren zu können, wenn man aufgeregt ist, das wünscht man sich manchmal auch als Erwachsener! Ferienerlebnisse erzählen, wieder eine Menge Spielkameraden zu haben, das ist das Glück der ersten Wochen.

Wenn das Schuljahr dann fortschreitet, geht viel von dieser Fröhlichkeit verloren, die Kinder werden stiller, oder der Ton wird aggressiver. Das spürt man auch in der Familie. Ist es der Leistungsdruck der Schule, der die Kinder so verändert? Die Notwendigkeit, sich in der Klasse durchzusetzen? Andererseits: Müssen Kinder das nicht lernen? Eltern freuen sich über gute Noten und können ziemlich sauer sein über schlechte. Täglich fordern sie Fleiß und Disziplin bei den Hausaufgaben. Auch sie üben Druck aus. Ihr Kind soll Erfolg haben. Ist das nicht normal? Ja, natürlich! Aber ich denke, Eltern oder Großeltern sollten ihren Kindern oder Enkelkindern gerade dann beistehen, wenn es in der Schule mal nicht so klappt! Sie bemerken doch als Erste, wenn «ihr» Schulkind immer blasser und ängstlicher oder immer mürrischer wird. Oft ist dann aus der Angst vor schlechten Noten bereits die Angst geworden, dass sie keiner mehr lieb hat. Für ein Kind ist das besonders schlimm. Um gute Noten zu bekommen, braucht man genug Selbstvertrauen. Wenn man sich nicht mehr geliebt fühlt, geht einem das Selbstvertrauen verloren, und man kann erst recht keine Leistung bringen – sogar uns im Berufsleben geht es so!

Gott sei Dank kann man diesen Teufelskreis jedoch durchbrechen. Wenn Sie für ein paar Momente die Augen schließen und tief durchatmen, wissen Sie es auf einmal wieder: Gott hat Ihnen ein wunderbares Kind geschenkt! Es ist liebenswert, ganz egal, ob es gerade Erfolg hat oder nicht! Lieben Sie seine Verträumtheit und seinen Eigensinn, seine Begeisterungsfähigkeit und seine plötzliche Schüchternheit, seine witzigen Einfälle und sein Lachen! Zeigen Sie ihm Ihre Zuneigung! Hören Sie mit ihm seine Lieblingsmusik oder machen Sie Quatsch mit ihm! Schauen Sie gemeinsam seine Babyfotos an! Und vor allem: Reden Sie mit ihm mal wieder über etwas anderes als die Schule! Irgendwann klappt dann bestimmt alles wieder, auch in der Schule. Gerade deshalb, weil sie nicht mehr das einzig Wichtige ist.

Warum einige Menschen schwierig sein müssen

Weiß Gott, ich habe gelernt, mit vielen Menschen Probleme zu lösen, seien es kleine, zwischenmenschliche oder große, die unseren ganzen Orden betreffen. Man setzt sich zusammen und redet miteinander. Aber was tun, wenn in so einer Sitzung ein Teilnehmer alles blockiert? Nicht durch das, was er sagt, sondern dadurch, dass er überhaupt nichts sagt und ein böses Gesicht dazu macht? Damit umzugehen fällt mir schwer.

Auch in der Sitzung vor ein paar Tagen war es wieder so. Einer der Gesprächsteilnehmer brütete die ganze Zeit düster vor sich hin. Zuerst suchte ich den Fehler bei mir: Hatte ich ihn aus Versehen gekränkt? Oder fand er alles verkehrt, was wir hier erörterten? Ich versuchte, ihn in die Diskussion einzubeziehen, aber das wollte nicht recht gelingen. Auch die anderen fühlten sich jetzt verunsichert. Die Diskussion stockte, eine eisige Atmosphäre breitete sich aus.

Nun habe ich mir angewöhnt, in verfahrenen Situationen zu überlegen, wie Gott die Sache sieht. Der Mann mit der eisigen Miene ist ebenso Gottes Geschöpf wie ich. Gott liebt uns beide – auch wenn das, ehrlich gesagt, gerade schwierig zu verstehen ist! Aber ich versuch's! In der nächsten Sitzungspause sandte ich ein Stoßgebet zum Himmel und sprach den «Schweiger» mutig an. Natürlich fragte ich nicht, warum er so böse dreinschaute, sondern bat ihn um seine Meinung zu einem Sachproblem. Und siehe da: Er war freundlich, er dachte mit mir weiter. Er lächelte sogar einmal. Offenbar hatte er gar nichts gegen diese Sitzung oder ihre Teilnehmer. Sein abweisender Gesichtsausdruck hatte auch nichts mit mir zu tun, sondern nur – mit ihm selbst. Er schaut einfach immer so, solange man ihm nicht näherkommt. Was mag er alles erlebt haben? Jedenfalls hat er es sich zur Gewohnheit gemacht, der Welt ein finsteres Gesicht zu zeigen. So geht er durchs Leben.

Was jedoch hilft, mit ihm zurechtzukommen, ist Freundlichkeit und sich nicht beirren zu lassen. Nach der Pause wurde alles einfacher.

Der heilige Benedikt erinnert den Abt, sich den Eigenarten vieler anzupassen. Manchmal frage ich Gott, was er sich wohl dabei gedacht hat, als er den einen oder andern so geschaffen hat, dass schwer mit ihm auszukommen ist. Ich finde nur eine Antwort: Gott will, dass ich an Geduld und Liebe wachse. Und ist nicht die Vielfalt der Charaktere letztendlich viel schöner und bereichernder, als wenn wir alle geklont wären?

Chancengleichheit – nur mit strengen Regeln

Dass ich einmal Abt werde, war mir nicht an der Wiege gesungen, wie man so schön sagt, und Sie werden lachen – was mir in der Schule am meisten Schwierigkeiten machte, war das Fach Latein. Die ersten beiden Jahre im Gymnasium fielen mir leicht. Doch dann merkte ich mit Schrecken, dass mir nicht mehr alles zuflog. Plötzlich musste ich büffeln! Dazu hatte ich natürlich keine Lust. Aber genau da half mir meine Mutter. Sie verstand kein Wort Latein, höchstens noch das «Dominus vobiscum» («Der Herr sei mit euch») in der Kirche. Sie bestand jedoch darauf, dass ich, bevor ich zu Bett ging, nochmals meine Vokabeln lernte; und am Morgen, bevor ich aufstand, setzte sie sich zu mir ans Bett und fragte die Wörter ab. Auf diese Weise leitete sie mich liebevoll, aber nachdrücklich an. Manchmal heißt es, die Kinder in Familien mit höherem Bildungsgrad hätten bessere Voraussetzungen. Nun, meine Mutter hatte keine «höhere Bildung», aber sie wusste, worauf es in der Erziehung ankommt: Wir tun unseren Kindern nichts Gutes, wenn wir ihnen nichts abverlangen.

«Chancengleichheit» wird heute überall gefordert. Dann würden unsere Schüler viel besser. Warum aber kommen bei gleichen Chancen doch unterschiedliche Ergebnisse am Schuljahresende heraus? Es wird eben leicht übersehen, dass es nicht nur darauf ankommt, dass das Schulsystem gleiche Chancen anbietet, sondern auch darauf, dass das einzelne Schulkind diese Chancen tatsächlich nutzt. Und hier müssen Eltern, egal welche Bildung sie haben, einen wichtigen Teil der Erziehung leisten. Solange Schule Spaß macht, ist alles gut, doch dann kommt der Teil, der harte Arbeit bedeutet. Man würde es den Kindern so gerne ersparen, aber – das dürfen wir nicht. Zu lernen, was man alles kann, wenn man sich richtig anstrengt, ist eine gute Erfahrung! Und dann das Glücksgefühl, wenn man's geschafft hat!

Noch wichtiger als Latein war für mich, dass ich Selbstdisziplin gelernt habe. Meine Mutter bestand darauf, dass die Hausaufgaben ordentlich gemacht wurden, bevor ich zum Fußballspielen durfte. Da konnte sie sehr streng sein. Trotzdem wusste ich immer, dass meine Mutter mich lieb hat, denn sie schimpfte nie, wenn ich mal was falsch machte, höchstens wenn ich zu faul war, mir Mühe zu geben. So lernte ich mit der Zeit strenge Regeln zu akzeptieren. Und noch heute denke ich an sie, wenn ich lieber Gitarre spielen würde, als mich an den Schreibtisch zu setzen.

Für ein Lachen die Vergangenheit vergessen

93 Jahre ist sie alt, Schwester Elisabeth, die einzige Deutsche in einem koreanischen Schwesternkonvent. Sie sitzt mir bei Tisch gegenüber, eine frohgemute Frau mit liebevollen Augen. Sie erzählt mir Witze, aber eben auch von ihrem Schicksal in Korea. Bei der kommunistischen Machtübernahme in Nordkorea war sie auf einer Station tätig. Der Pater wurde mit den anderen Benediktinern ins Gefängnis von Pjöngjang gesteckt. Auch sie musste ins «Loch», wie sie sagte. Ihre Kleider wurden ihr von den Soldaten abgenommen. Auf dem Transport hatte sie zwei Tage in dem Armeewagen gesessen, nur mit dem Unterrock bekleidet. Zwar habe man sie nicht berührt, aber es sei schon demütigend gewesen. Immerhin habe man ihr das Gebetbuch gelassen, sodass sie dann in der Einzelhaft beten konnte, und dafür habe sie dann ausgiebig Zeit gehabt.

Sie überlebte das anschließende Konzentrationslager – viereinhalb Jahre lang war sie dort gefangen – und baute mit den anderen Schwestern, die nicht durch Hunger und Krankheit umgekommen waren, in Südkorea wieder ein Kloster auf. In Sozialwerken kümmerte sie sich um Arme. Sie bot ein Bild erstaunlichen Lebensmutes. Ich fragte, ob sie denn ihren Peinigern vergeben habe. Sie winkte ab: «Oh, schon lange. Dadurch bin ich freigekommen von meinem Groll und konnte wieder nach vorne schauen und neu beginnen. Der eine oder andere hat zwischendurch auch menschliche Züge gezeigt. Und es ist ja nicht nur uns schlimm ergangen, sondern vielen Koreanern auch. Für sie leben wir, und so fühlten wir uns solidarisch mit ihnen.» Vielleicht konnten ihr deshalb die Strapazen nicht so viel anhaben. Es ist beglückend, eine solche Frau zu erleben.

Warum konnte sie vergeben? Sie liebte die Menschen, sie hatte selbst mit ihren Aufsehern Mitleid. «Die wussten es nicht anders und waren vielleicht gezwungen worden, es zu tun.» «Vater, vergib ihnen», hat Jesus am Kreuz gesagt, «denn sie wissen nicht was sie tun» – das war ihr Vorbild. Die Schergen haben nicht um Verzeihung gebeten, und doch hat sie ihnen vergeben. Ich wünschte, wir wären bei Enttäuschungen und Verletzungen zu einer ähnlichen Haltung fähig; wenigstens aus christlichem Glauben heraus. Die Schwester hat mir gezeigt, dass dadurch innerer Friede möglich wird. Wir lassen die Vergangenheit hinter uns und sind wieder offen für Neues. Wir können wieder lachen und Witze erzählen.

Die christliche Vision: eine große Menschheitsfamilie

Ein Mitbruder hat mich nach meiner Ankunft in Seoul in ein einfaches, recht ursprüngliches Restaurant eingeladen. Hier schmeckt das Fleischgericht Bulgogi besonders gut. Es wird auf einem Tischgrill mit Holzkohle zubereitet, ähnlich wie eine gute Pizza im Holzkohlenofen.

Die junge Frau, die uns bedient, hat viel zu tun. Sie sorgt für das Feuer, legt das Fleisch auf den Grill, fügt Pilze bei und stellt viele Beilagen in kleinen Tellerchen auf den Tisch.

Diensteifrig ist sie, und dienstfertig steht sie immer wieder in der Reihe der anderen jungen Frauen: alle angetan mit demselben schwarzen Kleid und einer weißen Bordürenschürze, die Füße etwas nach innen gedreht. Sie alle gleichen sich sehr in unseren Augen. Hin und wieder kichern sie miteinander, auch im Verhalten scheinen sie einander zum Verwechseln ähnlich. Zählt hier eigentlich die individuelle Person, der oder die Einzelne? Geht es in der Erziehung um Individualität und Selbständigkeit? Vor allem aber: Wie fühlen sich die Menschen? Empfinden sie sich stets als Teil einer Gruppe? Sind sie nur jemand, wenn sie gemeinsam stehen, gehen, lachen und arbeiten?

Auf einmal kommt mir die andere Kultur wie eine undurchdringliche Wand vor, dabei war ich schon oft und lange in Korea. Sind wir vielleicht den Menschen hier ebenso unbegreiflich? Doch dann entdecke ich ein Fenster in dieser Wand! Die junge Frau, die uns bedient, stellt mit ihrem Lachen den Kontakt zu mir und meinem Mitbruder her. Sie freut sich, wenn es uns schmeckt. Wir bemühen uns, nach Landessitte mit Stäbchen nach dem Fleisch zu greifen, das sie selbst in kleine Stücke geschnitten hat, und sie lächelt anerkennend, wenn uns auch die Knoblauchzehen nicht davonflutschen. Sie fühlt sich geehrt, dass ich alles probiere, das Gemüse, den Tintenfisch, den scharfen Gimchi. Wir zeigen ihr, dass wir uns wohlfühlen.

Auch wenn uns andere Kulturen in vielem verschlossen bleiben – Freundlichkeit und Aufgeschlossenheit überwinden die Mauern. Das Lächeln, die Freude, die Anerkennung des andern Menschen und dessen, was ihm wertvoll ist – all das verbindet. Wir Menschen können trotz aller Verschiedenheit zusammenleben. Die Unterschiede sind sogar unser Reichtum. Die eine, große Menschheitsfamilie, das ist die christliche Vision, und Vielfarbigkeit ist viel schöner als eine Monokultur. Ich wünschte, viele Menschen könnten das so sehen.

Der Glaube ist keine Ware wie ein Staubsauger

Können Sie sich einen fußballbegeisterten Vater vorstellen, der Samstag für Samstag die Bundesligaspiele besucht, zu seinem Sohn aber sagt: «Du bleibst zu Hause. Ich möchte dich mit meiner Leidenschaft nicht anstecken. Ich will dich nicht beeinflussen. Später, wenn du alt genug bist, kannst du dann frei entscheiden, ob du Fußballfan werden möchtest oder nicht.»? Ich glaube, kein Vater würde einen solchen Unsinn reden. Man kann sich ja gar nicht für etwas entscheiden, das man bloß vom Hörensagen kennt, das man nie mitgemacht hat. Nur wer den Jubel im Stadion selbst erlebt hat, wer im Publikum mitgefiebert und mitgelitten hat, nur der weiß, worum es beim Fußball überhaupt geht. Und nur der kann sich ein Urteil erlauben.

Doch wenn es um Religion geht, denken viele Menschen so wie dieser Vater. Sie sagen: «Ich will mein Kind nicht beeinflussen. Ich will ihm nicht vorschreiben, was es zu denken oder zu glauben hat. Und deshalb lasse ich es nicht taufen. Deshalb halte ich es auch von der Kirche fern. Später, wenn es alt genug ist, kann es dann frei entscheiden, ob es an Gott glauben will oder nicht.» Frei entscheiden? Nie und nimmer. So funktioniert das nicht. Keiner entscheidet sich für etwas, das er überhaupt nicht kennt. Ein solches Kind wird sich für Gott, für den Glauben und für die Kirche einfach nicht interessieren – dies alles wird ihm fremd, vielleicht sogar unheimlich sein. Nein, man kann sich nicht für oder gegen den Glauben entscheiden, so wie man sich im Laden für oder gegen den Kauf eines Staubsaugers entscheidet. Der Glaube ist keine Ware. Und er soll auch nicht einleuchten. Der Glaube soll sich im Leben bewähren. Und deshalb muss man seine eigene Erfahrung mit Gott machen. Deshalb muss ein junger Mensch in den Glauben hineinwachsen. Er muss die Gemeinde erleben, beim Gottesdienst und beim Pfarrfest, muss dabeisein, wenn man zusammen singt und gemeinsam betet, muss sich tief in der Seele berühren lassen. Die Freiheit eines jungen Menschen wird dadurch nicht beeinträchtigt – dagegen entscheiden kann er sich ja immer noch. Aber er weiß dann wenigstens, worum es bei Kirche und Glauben überhaupt geht. Deshalb mein Rat: Wenn es Ihnen wirklich um die Freiheit Ihres Kindes geht, lassen Sie es taufen. Erlauben Sie ihm, das Geheimnis des Glaubens zu entdecken. Damit es erfährt und versteht, worum es uns Christen geht.

Es gibt Erlebnisse, die uns verändern. Sie müssen gar nicht spektakulär sein! Von einem will ich Ihnen heute berichten.

> *Jeder kann in seinem Leben eine kopernikanische Wende haben*

Es begann als Krankenbesuch am Bett eines Mitbruders, der mir nicht besonders nahestand. Fast eine Formalität. Doch als ich gehen wollte, bat er mich, noch zwei Minuten zu bleiben. Aus den zwei Minuten wurde eine Stunde. Immer wieder stockend, vertraute er mir seine Not an.

Er galt nie als besonders intelligent und wurde deshalb seit seiner Schulzeit gehänselt. Zögernd erzählte er mir von zahlreichen demütigenden Situationen, von Verletzungen, die heute noch schmerzen. Auch im Kloster bekam er nicht die Anerkennung, die er so dringend brauchte. Ich selbst hatte ihn bisher als ziemlich unzugänglichen Mitbruder gesehen, der es einem schwermachte, ihn zu mögen. Doch jetzt änderte sich für mich alles. Je mehr er mir berichtete, umso mehr wuchs er mir ans Herz. Auf einmal sah ich ihn nicht mehr von meiner Warte aus, sondern von seiner.

Ich hoffe sehr, dass ich ihm durch mein Zuhören helfen konnte, aber ich glaube, am meisten wurde damals mir geholfen, denn dieses Gespräch bedeutete einen Durchbruch in meinem Leben. Es war so etwas wie eine kopernikanische Wende.

Wann immer ich seither Menschen begegne, stelle ich mir vor, wie es ihnen ergeht. Ich habe nicht mehr das Bedürfnis, mich ständig zu rechtfertigen, als ob ich angegriffen würde, sondern ich öffne mich für mein Gegenüber. Besser gesagt: Ich versuche es. Das ist oft mühsam, aber stets hilfreich.

So hatte ich zum Beispiel ein wichtiges Gespräch in einer Behörde in Nordkorea. Erst kam mir mein Gesprächspartner abweisend und bedrohlich vor. Doch dann erkannte ich, dass seine Besorgnis, von mir nicht ernst genommen zu werden, dahintersteckte. Ich dachte daran, was er wohl selbst auszuhalten hatte als Vertreter dieses Landes... Doch war er nicht von Gott geschaffen und geliebt wie ich? Ich begann zu meiner eigenen Überraschung, ihn auch liebzugewinnen.

Das Erlebnis am Krankenbett meines Mitbruders hatte mich dazu befähigt, mir die Menschen von ihren Sorgen her vorzustellen. Und ich habe seither gemerkt, dass es auch mir selbst bessergeht, wenn ich das versuche. «Liebe deinen Nächsten wie dich selbst», kann zu einer hohlen Rede werden. Wenn wir aber den anderen Menschen ernst nehmen, mit seiner Geschichte und seinen Problemen, sieht die Welt anders aus, auch für uns. Ich möchte Sie ermutigen: Probieren Sie es aus! Gott hilft Ihnen dabei!

Adventszeit – Lichterglanz für einen anderen Sinn

In den Jahren meiner Kindheit habe ich mich im November schon auf den Advent gefreut. Mitten im Nebel des Spätherbstes gab es wieder Hoffnung auf festlichen Glanz. Zunächst auf das duftende Grün des Adventskranzes mit seinen vier strahlenden Kerzen. Wie schön war es dann, endlich die erste Kerze zu entzünden und jeden Sonntag eine weitere! So ging es Schritt für Schritt auf das Weihnachtsfest zu.

Auch der Adventskalender hielt uns in Atem! Jeden Tag öffnete ich voller Spannung das nächste Fenster. Mal gab es einen Lebkuchen, mal eine Christbaumkugel, mal Äpfel, oder auch schon einen kleinen Esel, der sich auf den Weg zur Krippe machte. Und wenn Weihnachten näherrückte, kam eines Tages der erste Engel zum Vorschein!

In all dem wurde der Sinn der Vorfreude sichtbar: Advent ist die Erwartung der Ankunft Gottes in unserer Welt, in der es viel Finsternis, Tod und Erstarrung gibt. Ein Licht soll im Dunkel aufleuchten, neues Leben aufblühen! Gott kommt auf uns zu, und wir gehen ihm entgegen. Advent ist die Zeit der Hoffnung. Wie schön drückt sich das in unseren alten Adventsbräuchen aus!

Am 24. Dezember kam für uns Kinder natürlich der Höhepunkt des Adventskalenders, das letzte Fensterchen wurde geöffnet und damit die Tür zum Weihnachtsfest aufgestoßen.

Meist zeigte uns daher das letzte Fenster das Kind in der

Krippe, mancher Kalender enthüllte auch einen prachtvollen Weihnachtskometen.

Was halten Adventskalender heute für die Kinder bereit? Ich war dabei, wie der kleine Sohn von Freunden das letzte Fenster aufmachte. Und was kam heraus? Der Weihnachtsmann! Soll der Weihnachtsmann mein Lichtbringer und Erlöser sein? Sicher, er hat einen Sack voller Geschenke. Aber machen materielle Geschenke den Sinn unseres Lebens aus? Bringen sie Trost und neues Leben?

Ich meine, gerade Weihnachten sollte ein Fest sein, an dem wir unsere Kinder hinausführen über die Geschenke. Kinder sind empfänglich für eine Zeit der Vorbereitung auf das Kind in der Krippe. Sie erahnen in dem Licht und dem Duft des Adventskranzes, dass es ein Leben gibt, in dem kein Dunkel und keine Trauer mehr Platz haben, in dem es einen Lichtglanz ohne Ende gibt. Wir legen in ihren Herzen den Grund für einen breiteren Horizont und eine frohmachende Hoffnung. Wir tragen dazu bei, dass sie eines Tages selbst den Sinn finden, der über alle Geschenke und alle Weihnachtsmänner hinausgeht.

Ganz ohne Weihnachten – eine himmlische Ruhe?

«Dieses Jahr fällt Weihnachten aus!» – Eine verrückte Vorstellung. Aber was wäre eigentlich, wenn das Weihnachtsfest wirklich mal nicht stattfände? Verspüren Sie nicht auf Anhieb ein bisschen Erleichterung?

Keine Jagd nach Geschenken, keine misslungenen Plätzchen, keine Pakete in letzter Minute. In den Kaufhäusern würde die Weihnachtsbeleuchtung abgedreht und die Weihnachtsmusik abgestellt. Himmlische Ruhe! Wir sparen Energie und viel Geld. Schokoladennikoläuse und Edeldelikatessen würden zu herabgesetzten Preisen verhökert.

Warum eigentlich nicht?

Weil es darüber hinaus etwas gibt, von dem wir in unserm Herzen wissen, dass es uns fehlen würde, weil es zum *Sinn* des Weihnachtsfests gehört. Etwas, wofür wir allerlei nötige und unnötige Anstrengungen vor dem Fest auf uns nehmen: gemeinsames Feiern im Kreis der Lieben. Die Begegnung auch mit denen, die man im Alltag vernachlässigt hat. Miteinander reden. Die Botschaft «Ich mag dich» oder «Sei mir nicht länger böse», die man mit einem Geschenk vermitteln kann. Nicht zu vergessen die Spende für jene, an deren Elend wir sonst mit schlechtem Gewissen vorbeischielen.

Gut so! Aber auch das ist noch nicht alles. Etwas Wesentliches fehlt: Das Weihnachtsfest schenkt uns die Erinnerung an einen Gott, der in dem Kind in der Krippe zu uns Menschen gekommen ist, um unser Leben und unsere Nöte zu teilen. Der uns froh machen will und unserem Leben eine Zukunft schenkt. Ohne ihn würden wir den Grund unserer Hoffnung verlieren. Wir würden in unserer harten Existenz allein bleiben.

Sicher, vielen mag Weihnachten nicht mehr bedeuten als einander zu beschenken. Aber warum gehen dann doch so viele zur Christmette? Tragen sie nicht auch ein Ahnen und die Sehnsucht nach der Liebe eines menschlichen Gottes in sich, eine Hoffnung, die unserem Leben Sinn gibt?

Ich weiß, dass die Menschen selbst in Zeiten des Krieges, manchmal unter Ruinen, Weihnachten feiern. So war es im Kosovo, wie ich kürzlich las, so war es aber auch in meiner Kindheit während des Zweiten Weltkriegs. Gerade wenn alles äußere Beiwerk fehlt, tritt eines mit Macht hervor: die Hoffnung auf Leben, die aus diesem Fest erwächst.

Vielleicht ist die scherzhafte Frage, die ich Ihnen zu Beginn stellte, ein Anlass für Sie, den tiefsten Sinn des Weihnachtsfests neu zu entdecken.

Störungen sind spontane Einfälle des Lebens

Darf man Sie stören? Wie reagieren Sie, wenn Kinder mit Überraschungen hereinplatzen? Oder es kommen unangemeldet Gäste. Sie wollten eben mit einer Arbeit beginnen, die nun liegenbleibt. Oder Sie wollten sich kurz hinlegen und müssen nun wieder für andere da sein. Das ist ärgerlich, oder?

Hier mein Erlebnis: Wir hatten in Chile ein großes internationales Treffen: 170 Schulleiter und Schulleiterinnen von Benediktinerschulen aus 23 Nationen. Ein Riesenerlebnis für alle. Aber am Ende war ich geschafft. Ich brauchte dringend eine Ruhepause und ging mit einem Buch in die Hotelhalle, um ein bisschen zu lesen. Nur war es dort alles andere als ruhig! Viele Teilnehmer waren reisefertig, mussten aber noch auf den Bus warten. Mit großem Hallo wurde ich begrüßt, und so blieb mir nichts anderes übrig, als mich an einem Tisch niederzulassen. Ich setzte mich zu den Schwestern aus Tansania. Und in der nächsten Viertelstunde vergaß ich all meine Müdigkeit!

Sie freuten sich so sehr, dass ich mich zu ihnen und nicht zu meinen Landsleuten gesetzt hatte, und fingen begeistert an zu erzählen.

Eine der Schwestern leitet eine Höhere Schule mit 1500 Mädchen. «Alle Achtung!», sagte ich, und sie schilderte, wie sie mit Gruppen von Schülerinnen in die armen Dörfer hinausgeht, um dort mit den Leuten zu leben und auf den Feldern zu arbeiten. Schülerinnen und Schwestern essen mit den Dorfbewohnern, was gerade da ist, manchmal gibt es nur Maniok und Wasser. Sie bringen den Frauen das Nähen und das Flechten von Körben bei. Umgekehrt ist es für die Schülerinnen eine große Bereicherung, aufs Land zu gehen, sie bekommen ein ganz anderes Verständnis für das Leben ihrer ärmeren Landsleute. Manchmal müssen sie auch feststellen, wie schwierig es ist, den Ärmeren zu helfen, das Leben anders zu organisieren.

Ich war völlig gefesselt und hätte gern noch zugehört, doch nun kam der Bus, und wir mussten uns verabschieden. Wie sehr mich ihre Arbeit beeindruckte, konnte ich den Schwestern gerade noch sagen. Ich verriet ihnen aber nicht, wie erschöpft ich mich zu ihnen gesetzt hatte und wie dankbar ich nun war, dass sie mich mit ihrem Schwung mitgerissen hatten. Ich hatte mich nicht ausgeruht, war aber erfrischt. Ich hatte nichts gelesen, war aber bereichert.

Spontane Einfälle des Lebens: Vielleicht steckt manchmal Gott dahinter? Lassen wir uns stören! Wir scheinen zu verlieren, in Wirklichkeit aber gewinnen wir.

Segensspruch in der Halle eines Hotels

Manchmal schickt uns Gott aus heiterem Himmel etwas von seiner Freude. Vielleicht, damit wir wieder einmal spüren, dass wir keinen schlechtgelaunten Sündenzähler als Vater im Himmel haben, sondern dass wir so, wie wir sind, als seine Kinder angenommen werden ...

Ich möchte Ihnen dazu ein kleines Erlebnis aus Chile berichten. Am Ende meines letzten Aufenthalts in Südamerika wollte ich gerade im Hotel meine Rechnung zahlen, als die Besitzerin mich spontan um den Segen bat: «Padre, una bendición por favor.» Also machte ich mit meiner Rechten das Kreuzzeichen und sprach: «Gott segne euch, alle Anwesenden, das ganze Hotel», und die Besitzerin bekreuzigte sich froh und zufrieden. Tatsächlich waren wir nicht allein in der Hotelhalle, sondern eine kleine Gruppe von Amerikanerinnen drängte sich an die Rezeption heran, um einzuchecken. Und zu meiner Rechten sah ich ihren Führer: Einen rundlichen kleinen Herrn, der den Eindruck eines Genießers machte, der, nun ja, auch eine gewisse Begabung zum Filou haben mochte. Kein Kostverächter, wie man so schön sagt. Spontan bezog ich ihn in den Segensspruch mit ein, indem ich mit einem Schmunzeln hinzufügte: «... und Gott segne auch die Sünder!» Er dankte lachend, meinte aber schelmisch: «Padre, wir sind zwar alle Sünder, aber ein klein bisschen Gutes tun wir trotzdem, und ich glaube, Gott sieht es und wird uns deshalb in den Himmel holen.» Das «klein bisschen Gute» deutete er an, indem er einen winzigen Spalt zwischen Daumen und Zeigefinger zeigte. Inzwischen waren auch die anderen in der Hotelhalle auf unser Gespräch aufmerksam geworden und hörten zu, als ich antwortete: «Das stimmt. Aber wir kommen vor allem deshalb in den Himmel, weil Gott uns liebt, trotz unserer Sünden. Jesus hat sich deshalb besonders gern zu den Sündern gesetzt.»

Alle lachten und strahlten. Es war übrigens gerade Sonntagmorgen. Ob sie Zeit hatten für eine Messe, weiß ich nicht. Aber ohne es zu erwarten, hatten sie zumindest eine kleine Sonntagspredigt mitbekommen, die sie vermutlich nicht so schnell vergessen werden.

Gott segne auch Sie!